„THE WINNER IS"
Über unser Titelmotiv haben wir euch in diesem Jahr auf Instagram direkt entscheiden lassen. Dank euch – der **mein ZauberTopf**-Fans – haben es die Linzer-Sternentürmchen von Seite 28 aufs Cover geschafft. Danke an alle, die über @zaubertopf.de für uns mit abgestimmt haben!

NEU

REDAKTIONSTIPP

Dieses Jahr haben wir in der **mein ZauberTopf**-Redaktion gleich zwei wunderschöne Wandkalender gestaltet. Den Wochenkalender mit 53 schnellen Mix-Rezepten (16,90 Euro) und den Monatskalender mit den 12 besten Einmach-Rezepten für den Thermomix® (8,99 Euro). Beide sind in limitierter Auflage ab sofort unter www.zaubertopf-shop.de erhältlich!

LIEBE LESER*INNEN,

jedes Jahr ab September hole ich so nach und nach meine gesammelten Backbücher und Weihnachtszeitschriften hervor. Ich suche mir einfach gern überall Inspiration und notiere mir dann eine (viel zu lange) Liste der Dinge, die ich backen, kochen und verschenken möchte.

Auch in diesem Weihnachts-Spezial stecken schon wieder eine ganze Reihe Rezepte, die es auf die besagte Liste geschafft haben. Ziemlich weit oben stehen die All-in-Teig-Kuchen. Sie sind zu den Adventswochenenden einfach zuzubereiten und halten dann meistens noch ein paar Tage in die Woche hinein. Zum Verschenken werde ich mich an die Ideen machen, die länger haltbar sind, wie die „Mon Chérie"-Konfitüre und das Weihnachtspudding-Pulver ab Seite 86 sowie die Schokoladen- und Nougatriegel ab Seite 8.

Ich wünsche euch eine wunderbare Vorweihnachts- und Adventszeit sowie gemütliche Festtage und natürlich viel Spaß beim Backen!

Herzlichst eure Vivien Koitka, Chefredakteurin

Fotos: Anna Gieseler (1); Stockfood.de/Julia Hörsch (1); Archiv (2) | Illustrationen: gettyimages.de/Anatartan (1)
Titelfotos: Stockfood.de/Julia Hörsch (1); Anna Gieseler (1)

INHALT

SPEZIAL

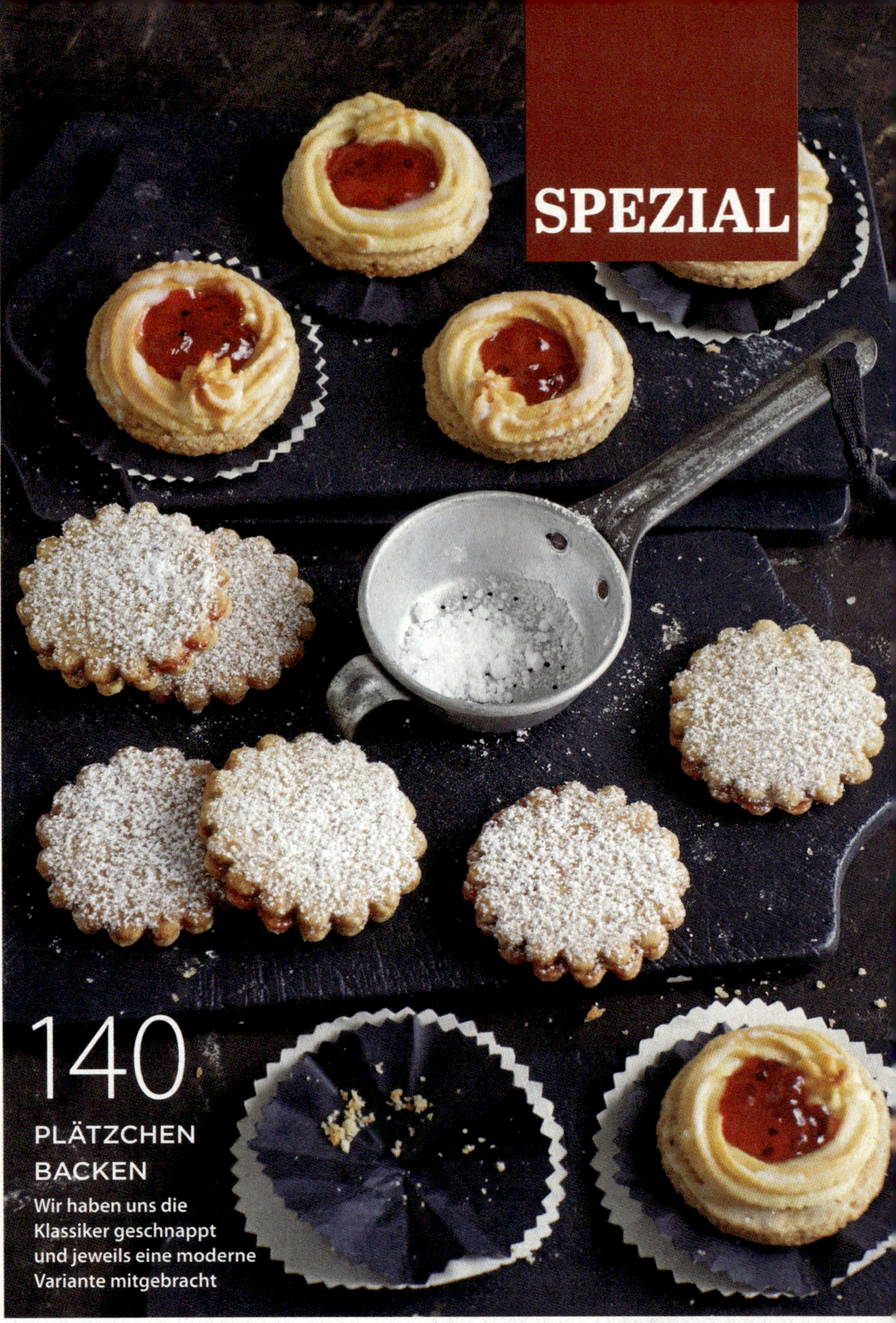

62

KLEIN & ZAUBERHAFT

Niedliche Hefeschnecken, Apfelstrudel, Eispops und mehr aus dem Thermomix®

UNSERE THEMEN

SERVICE

STANDARDS

★ Titelthemen

Fotos: Stockfood.de/Julia Hörsch (1), Mondadori Portfolio (1), News Life Media (1), Julia Hörsch für ZS Verlag (1), Immediate Media/ Good Food (1); Anna Gieseler (2) | Illustrationen: Archiv (1)

mein ZauberTopf REZEPTE DIESER AUSGABE

Ihr findet zudem viele weitere Grundrezepte für Teige, Basiszutaten und mehr in unseren Tipps und auf den unterschiedlichen Ratgeberseiten.

Frohe Weihnachten!

ZU BESUCH IN DER Schokoladen-Fabrik

Softer Nougat,
knusprige Nüsse, reichlich Karamell,
Schokolade und Marzipan –
die feinsten Zutaten vermengen
wir zu eleganten Süßwaren,
die sich sehen lassen können!

Foto: StockFood/ Mondadori Portfolio | Illustration: iStock / Getty Images Plus

Schoko-Nuss-Karamell

00 40
std : min

LOW CARB LOW FAT

PRO STÜCK: 316 KCAL | 5 G E | 20 G F | 28 G KH

ZZGL. CA. 3 STD. RUHEZEIT

ZUTATEN FÜR 26 STÜCK

- **400 g Zartbitterkuvertüre, in Stücken**
- **100 g Kokosfett, in Stücken**
- **200 g gemischte Nüsse (z. B. Walnüsse, Pekannüsse, Haselnüsse)**
- **100 g heller Zuckerrübensirup**
- **100 g Butter, in Stücken**
- **800 g gesüßte Kondensmilch**
- **50 g Orangeat, gewürfelt**

AUSSERDEM

- **Auflaufform (26 × 7 × 17 cm)**

1 | Eine Auflaufform am Boden und Rand mit Backpapier auslegen. 200 g Kuvertüre in den geben, **6 Sek. | Stufe 8** zerkleinern und mit dem nach unten schieben. 50 g Kokosfett zufügen, **3 Min. | 50 °C | Stufe 2** schmelzen und etwas abkühlen lassen. Kuvertüre in die Form füllen, fest werden lassen und 1 Std. kühl stellen. Den spülen.

2 | Die Nüsse in einer Pfanne ohne Zugabe von Fett rösten, beiseitestellen und abkühlen lassen. Anschließend in den geben, **2 Sek. | Stufe 4** grob hacken und umfüllen. Rübensirup mit Butter sowie Kondensmilch in den geben und ohne Messbecher **40 Min. | Varoma® | Stufe 2** köcheln lassen. Nüsse, bis auf etwa 50 g zum Garnieren, mithilfe des unterheben und die Masse abkühlen lassen.

3 | Die noch streichfähige Karamellcreme auf die Kuvertüre geben, glatt streichen und etwa 1 Std. kühl stellen. Den reinigen. Übrige Kuvertüre in den geben, **6 Sek. | Stufe 8** zerkleinern und mit dem nach unten schieben. Restliches Kokosfett zufügen und **3 Min. | 50 °C | Stufe 2** schmelzen. Wieder etwas abkühlen lassen und anschließend gleichmäßig auf dem Karamell verteilen.

4 | Das Orangeat mit den restlichen Nüssen auf der Oberfläche verteilen. Dann die Form erneut 1 Std. kühl stellen, bis die Kuvertüre fest ist.

5 | Die Platte aus der Form heben, mit einem scharfen Messer längs halbieren, dann quer in etwa 2 cm breite Streifen schneiden und servieren. Im Kühlschrank aufbewahren.

Tipp

Die Mischung aus Kuvertüre und Kokosfett verbindet sich zu einer herrlichen Schokoladencreme, die auch nach dem Abkühlen nicht matt wird, sondern schön glänzt und einen angenehmen Biss hat. Diese Kombination eignet sich auch als Glasur für Kuchen.

Aussergewöhnlich unwiderstehlich

Fotos: StockFood/ Mondadori Portfolio

EASY

Weiße-Weihnachts-Schokolade

01 00 std : min

PRO STÜCK: 334 KCAL | 4 G E | 20 G F | 33 G KH

ZZGL. 1 STD. RUHEZEIT

ZUTATEN FÜR 8 STÜCK

- ★ **100 g Kokosraspel**
- ★ **50 g gepuffter Dinkel**
- ★ **30 g getrocknete Kirschen**
- ★ **30 g getrocknete Blaubeeren**
- ★ **20 g Orangeat**
- ★ **20 g Zitronat**
- ★ **250 g weiße Schokolade, in Stücken**

AUSSERDEM
- ★ **rechteckige Form (ca. 14 × 22 cm)**

1 | Die Form mit Backpapier auslegen und die Hälfte der Kokosraspel gleichmäßig darin verteilen. Dinkel, Kirschen sowie Blaubeeren in den Mixtopf geben und **4 Sek. | Stufe 6** grob hacken. Orangeat sowie Zitronat zufügen und **10 Sek. | Linkslauf | Stufe 3** vermischen. Umfüllen und den Mixtopf spülen.

2 | Schokolade im Mixtopf **6 Sek. | Stufe 8** zerkleinern. Mit dem Spatel nach unten schieben und **4 Min. | 50 °C | Stufe 2** schmelzen. Die Früchte-Dinkel-Mischung zufügen und mit dem Spatel untermengen.

3 | Die Masse in die vorbereitete Form geben und mit übrigen Kokosraspeln bestreuen. Mind. 1 Std. vollständig fest werden lassen. Anschließend in längliche Streifen schneiden und direkt servieren oder in einer verschließbaren Dose kühl aufbewahren.

>TIPP Greift zu hochwertigen Schokoladentafeln und verwendet hier keine Kuvertüre. Der hohe Kakaobutteranteil in der Schokolade sorgt für eine besonders angenehme Textur.

Tipp

50 Grad – das ist die ideale Temperatur, um Schokolade zu schmelzen. Statt aufwendigem Wasserbad schmilzt der Thermomix® die Zutat und hält die Temperatur dabei präzise konstant, sodass nichts anbrennt.

Foto: StockFood/ Mondadori Portfolio

Mandel-Haselnuss-Nougat

00:35 std : min

LOW CARB · LOW FAT

PRO STÜCK: 247 KCAL | 4 G E | 11 G F | 33 G KH

ZZGL. 1 STD. RUHEZEIT

ZUTATEN FÜR 26 STÜCK

- 50 g Oblaten oder Reispapier, groß und eckig
- 350 g Zucker
- 300 g Glukosesirup (siehe Info Seite 18)
- 120 g Wasser
- 220 g Akazienhonig
- 250 g Mandeln, 100 g davon blanchiert
- 250 g Haselnüsse
- 2 Eiweiß

AUSSERDEM

- Backform (ca. 18 × 26 cm)
- Zuckerthermometer

1 Eine Backform mit Backpapier auskleiden. Die Oblaten zurechtschneiden und den Boden der Form mit etwa der Hälfte belegen.

2 In einem Topf Zucker mit Glukosesirup, Wasser und Honig ca. 15 Min. auf 143 °C erhitzen, dafür ein Zuckerthermometer verwenden. Inzwischen Mandeln und Haselnüsse nach Belieben in einer Pfanne leicht rösten, grob hacken oder ganz lassen.

3 Den Rühraufsatz in den Mixtopf einsetzen. Eiweiße in den Mixtopf geben und **3 Min. | Stufe 4** steif schlagen, dabei den heißen Sirup langsam einlaufen lassen, bis die Schaummasse glänzt und Spitzen zieht. Den Rühraufsatz entnehmen und die Nüsse mithilfe des Spatels zügig unter die Eiweißmasse heben..

4 Die fertige Nougatmasse in die Form gießen und mit den restlichen Oblaten bedecken. Vorsichtig andrücken, um die Masse gleichmäßig in der Form zu verteilen. Mindestens 1 Std. komplett erkalten lassen, aus der Form stürzen und in Stücke geschnitten servieren.

Weihnachts-Rocky-Road

LOW CARB LOW FAT

PRO STÜCK: 383 KCAL | 8 G E | 18 G F | 43 G KH

ZZGL. 1 STD. RUHEZEIT

ZUTATEN FÜR 8 STÜCK

- ★ 40 g Rosinen
- ★ 40 g getrocknete Kirschen
- ★ 30 g Pistazien
- ★ 30 g Erdnüsse
- ★ 30 g Gewürzkekse
- ★ 300 g Edelbitterschokolade, in Stücken
- ★ 30 g Butter
- ★ 60 g Ahornsirup
- ★ 50 g weiße und rote Marshmallows, in kleinen Würfeln
- ★ 30 g Zuckermandeln
- ★ 50 g weiße Schokolade, in Stücken

AUSSERDEM

- ★ rechteckige Backform (ca. 20 × 30 cm)

00 25 std : min

1 Die Backform mit Backpapier auslegen. Rosinen sowie Kirschen in den Mixtopf geben, **5 Sek. | Stufe 5** zerkleinern und umfüllen. Pistazien, Erdnüsse, Kekse sowie Mandeln in den Mixtopf geben, **4 Sek. | Stufe 5** grob zerkleinern und umfüllen.

2 Schokolade im Mixtopf **10 Sek. | Stufe 8** zerkleinern, dann mit dem Spatel nach unten schieben. Butter sowie Ahornsirup zufügen und **6 Min. | 50 °C | Stufe 2** schmelzen. Die Mischung etwas abkühlen lassen. Den Mixtopf spülen.

3 Die Schokoladenmischung in die Backform gießen und mit den zerkleinerten Zutaten sowie Marshmallows und Zuckermandeln bestreuen.

4 Weiße Schokolade in den Mixtopf geben, **5 Sek. | Stufe 6** zerkleinern, dann **3 Min. | 50 °C | Stufe 2** schmelzen und in feinen Linien auf der Schokomasse verteilen. Vor dem Servieren mindestens 1 Std. fest werden lassen und

Ein Erlebnis!

Rot-weiße Schokoschnitten

00 20 std : min

FIX

PRO STÜCK: 363 KCAL | 4 G E | 16 G F | 49 G KH

ZUTATEN FÜR 8 STÜCK

* **150 g Butterkekse**
* **250 g weiße Schokolade, in Stücken**
* **50 g Zartbitterschokolade, in Stücken**
* **50 g Bonbons, z. B. rot-weiß oder nach Belieben**
* **50 g kandierte Kirschen**
* **20 g kandierte Rosenblüten**
* **½ EL rote Zuckerherzen**
* **1 EL grüne Zuckerperlen**

AUSSERDEM

* **verstellbarer Backrahmen (ca. 20 × 30 cm)**

1 Ein Blech mit Backpapier auslegen und die Butterkekse aneinander liegend rechteckig darauf verteilen (ca. 20 × 30 cm). Einen Backrahmen um die Butterkekse setzen.

2 Weiße Schokolade in den Mixtopf geben und **10 Sek. | Stufe 8** zerkleinern. Mit dem Spatel nach unten schieben, **6 Min. | 50 °C | Stufe 2** schmelzen und vorsichtig auf den Butterkeksen verteilen. Den Mixtopf spülen und gründlich abtrocknen.

3 Die Zartbitterschokolade in den Mixtopf geben, ebenfalls **10 Sek. | Stufe 8** zerkleinern, mit dem Spatel nach unten schieben und **3 Min. | 50 °C | Stufe 2** schmelzen. In feinen Linien über die weiße Schokolade träufeln. Den Mixtopf spülen.

4 Bonbons, Kirschen und Rosenblüten nacheinander jeweils **2 Sek. | Stufe 8–10** je nach gewünschter Größe hacken und auf die Schokolade streuen. Zum Schluss Zuckerherzen und -perlen darüber verteilen und alles fest werden lassen. Zum Servieren in Stücke schneiden.

Mandel-Cranberry-Nougat

00 | 40 std : min

LOW CARB · LOW FAT

PRO STÜCK: 198 KCAL | 3 G E | 5 G F | 36 G KH

ZZGL. 1 STD. RUHEZEIT

ZUTATEN FÜR 26 STÜCK

- **4 eckige Backoblaten (ca. 12 × 20 cm)**
- **350 g Zucker**
- **300 g Glukosesirup (siehe Info Seite 18)**
- **120 g Wasser**
- **220 g Akazienhonig**
- **2 Eiweiß**
- **2 TL Rosenwasser**
- **125 g Mandeln**
- **125 g Pistazien**
- **125 g getrocknete Cranberrys**

AUSSERDEM

- **Backform (18 × 26 cm)**
- **Zuckerthermometer**

1 | Eine Backform mit Backpapier auskleiden. Den Boden der Form mit 2 Backoblaten bedecken. Ggf. passend zuschneiden.

2 | Zucker, Glukosesirup, Wasser und Honig in einem Topf zum Kochen bringen und etwa 15 Min. köcheln lassen. Die Masse sollte 143 °C erreichen. Dazu ein Zuckerthermometer verwenden.

3 | Den Rühraufsatz in den einsetzen. Eiweiße im **3 Min. | Stufe 4** aufschlagen, dabei den heißen Sirup und das Rosenwasser langsam einlaufen lassen. Den Rühraufsatz entnehmen und Kerne sowie Cranberrys mithilfe des zügig unter die Eiweißmasse heben. Die fertige Masse rasch in der Form auf den Oblaten verteilen.

4 | Mit den restlichen Oblaten bedecken und mit einem Blatt Backpapier belegen. Nun mit einem Gegenstand beschweren, um die Masse gleichmäßig gerade in der Form zu verteilen, und den Nougat mind. 1 Std. komplett auskühlen lassen. Mit einem geölten Messer in Stücke schneiden. Kühl und luftdicht lagern.

Fotos: iStock / Getty Images Plus / Vadym Petrochenko (1); StockFood/The Food Union (2)

Pistazien-Schnitten

00 45 std : min

PRO STÜCK: 218 KCAL | 3 G E | 10 G F | 28 G KH

ZZGL. 8 STD. RUHEZEIT

ZUTATEN FÜR 18–20 STÜCK

* 100 g Pistazien
* 200 g Zucker
* 250 g Honig
* 50 g Glukosesirup
* 2 Eiweiß
* 1 Prise Salz
* 250 g Zartbitterkuvertüre, in Stücken
* 120 g Sahne
* 30 g Butter

AUSSERDEM

* schmale rechteckige Form (22 × 6 × 6 cm)
* Zuckerthermometer

1 | Den Backofen auf 180 °C Ober-/Unterhitze vorheizen. Pistazien auf einem mit Backpapier belegten Backblech verteilen und im Ofen 7–10 Min. rösten. Etwas abkühlen lassen. Anschließend zwei Drittel der Pistazien in den Mixtopf geben und **5 Sek. | Stufe 9** mahlen. Umfüllen und beiseitestellen. Den Mixtopf spülen.

2 | Den Zucker mit dem Honig und dem Glukosesirup in einem Topf zum Kochen bringen und auf 143 °C erhitzen, die Temperatur mit einem Zuckerthermometer überprüfen.

3 | Den Rühraufsatz in den Mixtopf einsetzen. Eiweiße mit Salz im Mixtopf **3 Min. | Stufe 4** steif schlagen, dabei nach und nach den heißen Zuckersirup einlaufen lassen. Die gemahlenen Pistazien zugeben und weitere **2 Min. | Stufe 4** verrühren, bis eine zähe Masse entstanden ist. Die übrigen ganzen Pistazien mithilfe des Spatels unterrühren.

4 | Die Form mit Frischhaltefolie auslegen. Die Pistazien-Nougat-Masse in die Form geben, gleichmäßig glatt streichen und über Nacht kühl stellen. Den Mixtopf spülen.

5 | Am nächsten Tag die Kuvertüre in den Mixtopf geben, **6 Sek. | Stufe 8** zerkleinern und mit dem Spatel nach unten schieben. Sahne mit Butter zugeben und **3 Min. | 50 °C | Stufe 2** schmelzen.

6 | Die Pistazien-Nougat-Masse stürzen, die Folie entfernen, den Block in mehreren Etappen ringsum mit Kuvertüre überziehen und diese jeweils wieder fest werden lassen. Wenn die Kuvertüre fest ist, den Block in Stücke schneiden und die Pistazien-Schnitten servieren.

> **GLUKOSESIRUP:** Glukosesirup ist eingedickter Saft aus Glukose und Fruchtzucker. Der Sirup ist gelblich-klar, zähflüssig und eignet sich besonders gut zur Herstellung von Pralinen, Schokoriegeln und Süßigkeiten. Für 1 Flasche Glukosesirup (à 750 ml) 500 g Zucker, 225 g Wasser sowie 1 Spritzer Zitronensaft in den Mixtopf geben, **20 Min. | 100 °C | Stufe 2** köcheln lassen und abfüllen. Je länger der Sirup gekocht wird, desto dickflüssiger wird dieser.

Schoko-Haselnuss-Schnitten

00 30 std : min

PRO STÜCK: 303 KCAL | 5 G E | 24 G F | 15 G KH

ZZGL. 6 STD. RUHEZEIT

ZUTATEN FÜR 18–20 STÜCK

* 200 g Haselnüsse
* 300 g Zartbitterkuvertüre, in Stücken
* 300 g Edelbitterkuvertüre, in Stücken
* 150 g Kokosöl, in Stücken
* 200 g Sahne

AUSSERDEM

* Kastenform (ca. 25 cm Länge)

1 | Den Backofen auf 180 °C Ober- und Unterhitze vorheizen. Die Haselnüsse auf einem mit Backpapier belegten Blech verteilen und im Ofen 10 Min. rösten. Herausnehmen, abkühlen lassen, die Nüsse im Mixtopf **3 Sek. | Stufe 5** grob hacken und in eine Schüssel umfüllen. Eine Kastenform mit Frischhaltefolie auslegen.

2 | Die Zartbitterkuvertüre in den Mixtopf geben und **10 Sek. | Stufe 8** zerkleinern und umfüllen. Die Edelbitterkuvertüre in den Mixtopf geben und ebenfalls **10 Sek. | Stufe 8** zerkleinern. Mit dem Spatel nach unten schieben und die Zartbitterkuvertüre zugeben. Kokosöl sowie Sahne zufügen und **8 Min. | 50 °C | Stufe 2** schmelzen. Die Haselnüsse zugeben und mit dem Spatel vermengen.

3 | Die Schokoladen-Nuss-Masse in die vorbereitete Form füllen und mit Folie bedecken. Mind. 6 Std. kühl stellen. Anschließend auf eine Platte stürzen, den Riegel in dünne Schnitten teilen und servieren.

Tipp

Immer wenn ihr Schokolade im Mixtopf schmelzt, lohnt sich eine anschließende Vorwäsche. So wird die Schokolade gar nicht erst wieder fest. Dazu einfach 1 Tropfen Spüli und warmes Wasser bis zur 1-Liter-Markierung in den Mixtopf geben und nach der Faustregel „60–60–6" **60 Sek. | 60 °C | Stufe 6** vorspülen.

Zart schmelzend und verführerisch

Fotos: StockFood/ Mondadori Portfolio

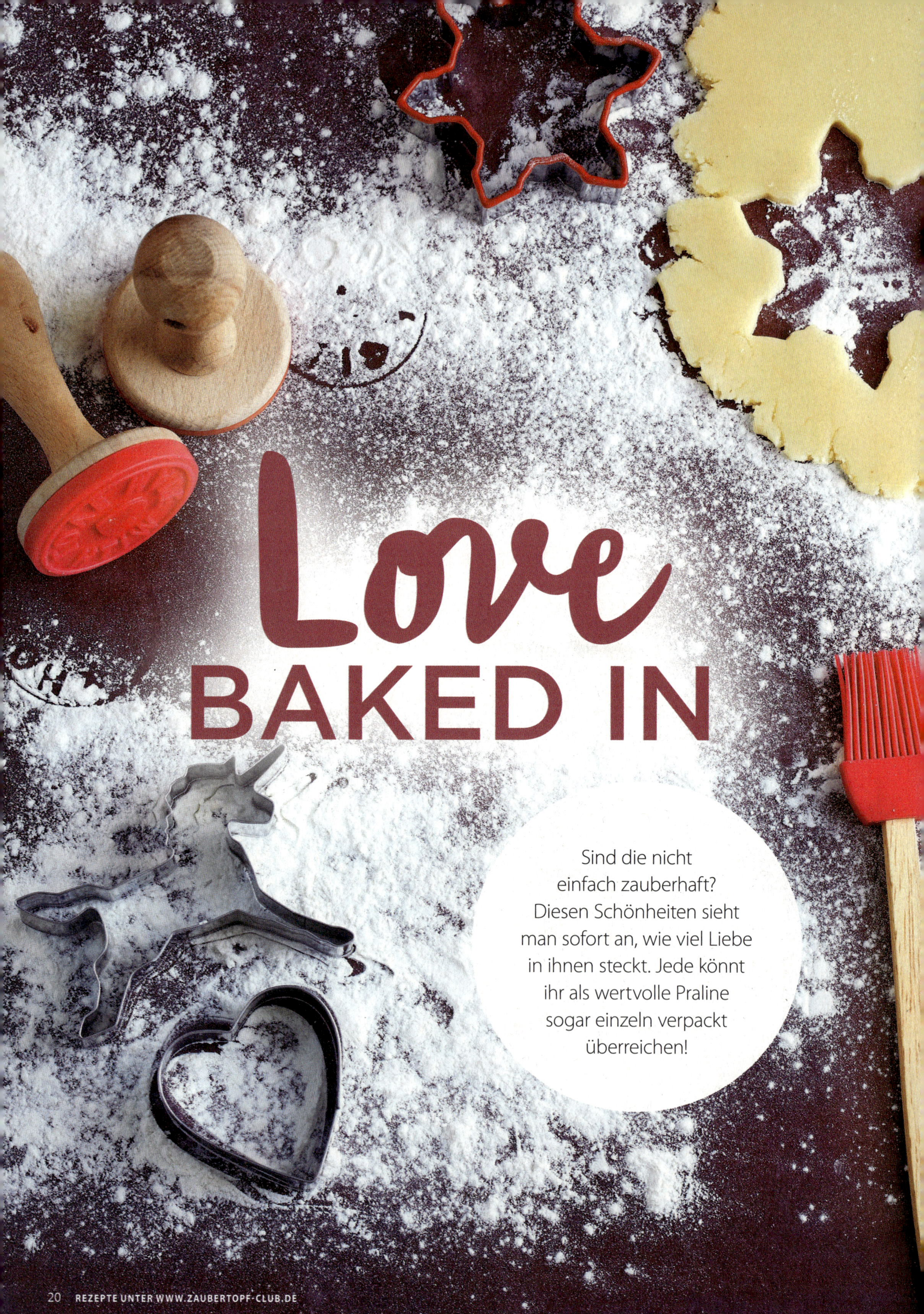

Love BAKED IN

Sind die nicht einfach zauberhaft? Diesen Schönheiten sieht man sofort an, wie viel Liebe in ihnen steckt. Jede könnt ihr als wertvolle Praline sogar einzeln verpackt überreichen!

Pfefferkuchen-Einhörner

Rezept auf Seite 26

Fotos: StockFood.com/Julia Hoersch; Archiv (1)

KEKSSTEMPEL MACHEN AUS EINFACHEM GEBÄCK Besonderes

Schoko-Double
Rezept auf Seite 26

Fotos: Stockfood.com/ Julia Hoersch

Knusperherzen
Rezept auf Seite 28

Svenja

Ich backe gerne mit Liebe zum Detail. Mit diesen kleinen Kunstwerken versüße ich meiner Familie und meinen Freunden das Weihnachtsfest!

SCHICHT FÜR SCHICHT *herrlich* UNWIDERSTEHLICH

Baumkuchenspitzen
Rezept auf Seite 28

Fotos: StockFood.com/Julia Hoersch; Anna Gieseler (1)

Pfefferkuchen-Einhörner

00 40 std : min

PRO STÜCK: 150 KCAL | 1 G E | 3 G F | 29 G KH

ZZGL. 12 STD. RUHEZEIT

ZUTATEN FÜR 15 STÜCK

- **120 g Kandiszucker**
- **100 g Karamellsirup**
- **100 g Wasser**
- **75 g Butter, in Stücken**
- **1 Prise Salz**
- **1 TL gemahlener Zimt**
- **1 TL Ingwerpulver**
- **½ TL gemahlener Piment**
- **1 Prise gemahlener Kardamom**
- **½ TL gemahlene Gewürznelken**
- **¼ TL Vanillemark**
- **Abrieb von ½ unbehandelten Zitrone**
- **220 g Weizenmehl Type 405 zzgl. etwas mehr zum Arbeiten**
- **1 TL Backpulver**
- **200 g Puderzucker**
- **2 EL Zitronensaft**
- **etwas rote Lebensmittelfarbe**
- **15 Zuckerperlen**

1 | Am Vortag Kandiszucker, Karamellsirup und Wasser im **5 Min. | 80 °C | Stufe 1** erwärmen. Butter zugeben und **2 Min. | 60 °C | Stufe 1** schmelzen. Salz, Gewürze, Zitronenabrieb, Mehl und Backpulver untermischen, alles **20 Sek. | Stufe 4** verrühren. Teig in Frischhaltefolie wickeln und über Nacht kalt stellen. Den spülen.

2 | Den Backofen auf 200 °C Ober- /Unterhitze vorheizen und ein Blech mit Backpapier belegen. Den Teig auf einer leicht bemehlten Arbeitsfläche ca. 2,5 mm dünn ausrollen. Mit Ausstechern in Einhornform (ca. 5 cm) Plätzchen ausstechen. Auf das Blech legen und im Ofen auf der mittleren Schiene 6–7 Min. backen. Anschließend vollständig auskühlen lassen.

3 | Den Puderzucker mit dem Zitronensaft im **20 Sek. | Stufe 4** verrühren. ½ EL abnehmen und in einer separaten Schüssel mit Lebensmittelfarbe leicht rosa einfärben. Plätzchen mit dem Guss bestreichen, dabei die Hörner rosa färben. Je 1 Zuckerperle als Auge auflegen. Guss trocknen lassen.

Schoko-Double

01 00 std : min

PRO STÜCK: 80 KCAL | 2 G E | 5 G F | 8 G KH

ZZGL. 1 STD. RUHEZEIT

ZUTATEN FÜR 45 STÜCK

- **300 g Weizenmehl Type 405 zzgl. etwas mehr zum Verarbeiten**
- **100 g Zucker**
- **150 g Butter, in Stücken**
- **2 Eier**
- **1 Prise Salz**
- **¼ TL gemahlener Kardamom**
- **1 TL gemahlener Zimt**
- **1 Prise gemahlener Piment**
- **1 Prise gemahlene Gewürznelken**
- **3 EL Kakaopulver**
- **2 EL Schokotropfen**
- **200 g Zartbitterkuvertüre, in Stücken**
- **½ TL Spekulatiusgewürz**

1 | Mehl, Zucker, Butter, Eier, Salz, Gewürze und Kakao im **30 Sek. | Stufe 5** zu einem Teig vermengen. Schokotropfen zugeben und **8 Sek. | | Stufe 4** unterrühren. Den Teig in Frischhaltefolie wickeln und ca. 1 Std. in den Kühlschrank legen.

2 | Den Backofen auf 180 °C Ober-/Unterhitze vorheizen. Zwei Bleche mit Backpapier belegen. Den Teig auf der leicht bemehlten Arbeitsfläche kurz durchkneten, dann 3 mm dick ausrollen und 45 Kreise (Ø ca. 5 cm) ausstechen. Diese auf den Blechen verteilen und nach Belieben mit einem Keksstempel ein Muster hineindrücken.

3 | Die Bleche nacheinander in den vorgeheizten Backofen geben und die Kekse darin 10–12 Min. backen, dann auf Kuchengittern auskühlen lassen.

4 | Für die Glasur die Kuvertüre im **8 Sek. | Stufe 7** grob hacken und anschließend **5 Min. | 50 °C | Stufe 2** schmelzen. Das Spekulatiusgewürz **10 Sek. | Stufe 3** einrühren und umfüllen. Die Kekse mit der Unterseite in die Kuvertüre tauchen, dann auf Backpapier setzen und aushärten lassen.

Nuss-Doppeldecker

01 00 std : min

PRO STÜCK: 152 KCAL | 3 G E | 10 G F | 14 G KH

ZZGL. 30 MIN. RUHEZEIT

ZUTATEN FÜR 35 STÜCK

- **250 g Haselnüsse**
- **150 g Weizenmehl Type 405 zzgl. etwas mehr zum Verarbeiten**
- **100 g Butter, in Stücken**
- **150 g Zucker**
- **1 Prise Salz**
- **½ TL gemahlener Zimt**
- **1 Ei**
- **150 g Aprikosenkonfitüre**
- **175 g Zartbitterschokolade, in Stücken**
- **35 Walnusshälften**

1 | Haselnüsse in den geben, **4 Sek. | Stufe 6** zerkleinern und umfüllen. Mehl, Butter, Zucker, Salz, Zimt, Ei sowie 150 g Haselnüsse dazugeben und **20 Sek. | Stufe 5** zu einem glatten Teig verkneten. In Frischhaltefolie wickeln und 30 Min. kalt stellen. Den spülen.

2 | Ofen auf 180 °C Ober-/Unterhitze vorheizen. Zwei Bleche mit Backpapier belegen.

3 | Den Teig auf der leicht bemehlten Arbeitsfläche kurz durchkneten, in 2 Portionen teilen, ausrollen und jeweils 35 Kreise (Ø etwa 5 cm) ausstechen. Die Teigkreise auf die beiden vorbereiteten Backbleche verteilen und nacheinander im vorgeheizten Backofen etwa 10 Min. backen. Die Kekse auf ein Kuchengitter setzen und auskühlen lassen. Je 2 ausgekühlte Kekse mit Aprikosenkonfitüre zusammenkleben.

4 | Die Schokolade in den einwiegen und **5 Sek. | Stufe 8** hacken. Anschließend **5 Min. | 55 °C | Stufe 2** schmelzen und umfüllen. Die Kekse bis zur Hälfte in die Schokolade tauchen, mit den übrigen Haselnüssen bestreuen und auf Backpapier setzen. Auf die Plätzchen mittig je 1 Walnusshälfte setzen. Alles gut fest werden lassen.

SEHEN TOLL AUS UND SIND *wirklich einfach!*

Fotos: StockFood.com/Julia Hoersch

Linzer Sternentürmchen

00 | 40 std : min

PRO STÜCK: 114 KCAL | 2 G E | 6 G F | 13 G KH

ZZGL. 2 STD. RUHEZEIT

ZUTATEN FÜR 35 STÜCK

- ★ 100 g Haselnüsse
- ★ 250 g Weizenmehl Type 550 zzgl. etwas mehr zum Verarbeiten
- ★ 150 g weiche Butter, in Stücken
- ★ 125 g brauner Zucker
- ★ 4 Eigelb
- ★ ½ TL Backpulver
- ★ 1 Prise Salz
- ★ 1 Prise gemahlener Zimt
- ★ Mark von 1 Vanilleschote
- ★ 200 g Himbeerkonfitüre
- ★ etwas Puderzucker zum Bestreuen

AUSSERDEM:
- ★ Sternchenausstecher, in 3 Größen

1 | Haselnüsse im **12 Sek.** | **Stufe 7** mahlen. Mehl, Butter, Zucker, Eigelb, Backpulver, Salz, Zimt sowie Vanillemark zugeben und **30 Sek.** | **Stufe 5** zu einem geschmeidigen Teig verarbeiten. In Frischhaltefolie wickeln und ca. 2 Std. kalt stellen.

2 | Den Backofen auf 180 °C Ober-/Unterhitze vorheizen. 3 Bleche mit Backpapier belegen.

3 | Den Teig auf der leicht bemehlten Arbeitsfläche kurz durchkneten, dann portionsweise dünn ausrollen und Sterne in drei unterschiedlichen Größen ausstechen. Diese auf den Blechen verteilen und im Ofen nacheinander in ca. 8 Min. goldgelb backen. Die Kekse auf einem Kuchengitter auskühlen lassen.

4 | Je 1 großen Stern mit Himbeerkonfitüre bestreichen und den nächstkleineren Stern daraufsetzen. Diesen ebenfalls mit etwas Konfitüre bestreichen und den kleinsten Stern darauf platzieren. Die Konfitüre trocknen lassen und die Sterne mit Puderzucker bestreuen.

Knusperherzen

01 | 00 std : min

PRO STÜCK: 71 KCAL | 1 G E | 4 G F | 9 G KH

ZZGL. 1 STD. RUHEZEIT

ZUTATEN FÜR 50 STÜCK

- ★ 3 Eier, getrennt
- ★ 275 g Weizenmehl Type 405 zzgl. etwas mehr zum Arbeiten
- ★ 50 g Puderzucker
- ★ 250 g Butter, in Stücken
- ★ 200 g Zucker
- ★ 100 g Himbeerkonfitüre

1 | Eigelbe, Mehl, Puderzucker und Butter im **20 Sek.** | **Stufe 5** zu einem geschmeidigen Teig verkneten, in Frischhaltefolie gewickelt ca. 1 Std. kalt stellen. Den Backofen auf 175 °C Ober-/Unterhitze vorheizen, zwei Bleche mit Backpapier belegen. Den spülen.

2 | Den Teig auf leicht bemehlter Arbeitsfläche ca. 3 mm dick ausrollen. Plätzchen mit einer Herzform (ca. 5 cm) ausstechen und auf die Backbleche legen. Den Rühraufsatz einsetzen. Eiweiße in den geben und **Stufe 3,5** ohne Zeiteinstellung unter Sichtkontakt schlagen, währenddessen den Zucker einrieseln lassen. Anschließend den Eischnee in einen Spritzbeutel mit kleiner Lochtülle füllen und rundherum auf die Ränder der Herzen spritzen.

3 | Die Herzen nacheinander im Ofen ca. 12 Min. backen. Anschließend auskühlen lassen. Die Konfitüre **5 Min.** | **80 °C** | **Stufe 1** erhitzen und die Plätzchen damit bepinseln. Anschließend leicht antrocknen lassen.

>EISCHNEE-TIPPS Damit euer Eischnee garantiert gelingt, sollte der komplett fettfrei sein. Spült ihn nach Schritt 1 daher gründlich aus. Zudem ist es wichtig, den Zucker langsam einrieseln zu lassen. Dafür die Zutat am besten nach und nach auf den Deckel rund um das Loch des Deckels streuen. Da dieser zur Mitte hin abfällt, rieselt der Zucker langsam hinab. Beachtet beim Rühraufsatz zudem, diesen nur bis maximal Stufe 4 zu verwenden, sonst kann er sich vom Mixmesser lösen.

Baumkuchenspitzen

01 | 00 std : min

PRO STÜCK: 108 KCAL | 1 G E | 6 G F | 11 G KH

ZUTATEN FÜR 60 STÜCK

- ★ 200 g Marzipanrohmasse, in Stücken
- ★ 175 g Zucker
- ★ 250 g Butter, in Stücken
- ★ 1 EL selbst gemachter Vanillezucker
- ★ 1 Prise Salz
- ★ 5 Eier
- ★ 125 g Weizenmehl Type 405
- ★ 125 g Stärke
- ★ 1 TL Backpulver
- ★ 50 g Rum
- ★ 250 g weiße Kuvertüre, in Stücken

AUSSERDEM
- ★ Backform (20 × 20 cm)

1 | Marzipan, Zucker, Butter, Vanillezucker und Salz im **1 Min.** | **Stufe 4** cremig rühren. Währenddessen die Eier einzeln nach und nach zugeben. Mehl, Stärke, Backpulver und Rum **1 Min.** | **Stufe 4** unterheben. Umfüllen und den spülen.

2 | Die Grillstufe des Backofens einschalten und den Boden einer Backform mit Backpapier auslegen. Ca. 2 EL Teig darin verstreichen und 2–3 Min. backen. 2 EL Teig darüber verstreichen und erneut 2–3 Min. backen. Mit dem restlichen Teig ebenso verfahren. Anschließend auskühlen lassen.

3 | Die Kuvertüre in den geben und **7 Sek.** | **Stufe 8** zerkleinern. Dann **5 Min.** | **55 °C** | **Stufe 2** schmelzen, umfüllen und etwas abkühlen lassen. Den Baumkuchen aus der Form lösen, zuerst in kleine Rechtecke schneiden, dann diagonal halbieren. Die kurzen Seiten der Dreiecke in die Schokolade tauchen und auf Backpapier fest werden lassen.

>TIPP Ihr könnt als alkoholfreie Alternative zum Rum Milch oder Saft verwenden.

Fotos: StockFood.com/ Julia Hoersch

DIE BASICS

SELBST GEMIXT

Wie euch die wichtigsten Grundteige für die Weihnachtsbäckerei gelingen und ihr hochwertige Basiszutaten selbst macht, erfahrt ihr hier!

MÜRBETEIG

Für einen seidig-glatten Teig 500 g Mehl, 250 g Butter, 1 Ei und 125 g Puderzucker **30 Sek. | Stufe 5** verkneten. 20 Min. kalt stellen. Dann ausrollen, ausstechen und Plätzchen nacheinander auf Blechen bei 180 °C 10–12 Min. hell backen.

SÜSSER HEFETEIG

200 g Milch mit 20 g frischer Hefe und 50 g Zucker in den geben und **2 Min. | 37 °C | Stufe 2** erwärmen. 450 g Mehl Type 405, 1 Prise Salz, 80 g weiche Butter in Stücken und 1 Ei zugeben, dann **2 Min. | Stufe 3** verkneten. Teig in eine große Schüssel umfüllen, abdecken und an einem warmen Ort etwa 1 Std. gehen lassen, bis sich das Volumen verdoppelt hat. Nach Belieben zu Brötchen, Figuren oder Stollen verarbeiten.

GANACHE

Die glänzende Schokocreme könnt ihr als Topping oder Füllung von Keksen, Torten, Kuchen und Cupcakes verwenden. Dafür 300 g Zartbitterschokolade in Stücken in den geben und **8 Sek. | Stufe 8** zerkleinern, mit dem nach unten schieben. 150 g Sahne zufügen und **6 Min. | 40 °C | Stufe 2** schmelzen. Leicht abgekühlt ist die Ganache streichfähig. Die homogene Creme gelingt im Thermomix® dank der gradgenauen Temperatur und dem ständigen Rühren.

CASHEWSAHNE UND CREMIGER RAHM

200 g Cashewkerne von hoher Qualität 2 Stunden oder über Nacht in einer Schale mit Wasser einweichen. Anschließend das Einweichwasser abgießen und die Kerne mit ½ TL und 300 ml Wasser in den geben, **1 Min. | Stufe 10** pürieren. Die vegane Sahne kann sofort verwendet oder bis zu einem späteren Zeitpunkt im Kühlschrank gelagert werden. Braucht ihr cremigen Cashewrahm, dann gebt die abgetropften Cashews ohne Wasser in den und püriert sie **5 Min. | Stufe 10**. Nach der Hälfte der Zeit mithilfe des nach unten schieben.

VANILLEZUCKER

Eine der wichtigsten Grundzutaten beim Backen – Vanillezucker mit echter Vanille. Im Thermomix® 200 g Zucker mit 1 Vanilleschote **20 Sek. | Stufe 10** pulverisieren und in trockene Gläser umfüllen. So könnt ihr den aromatisierten Zucker auch verschenken.

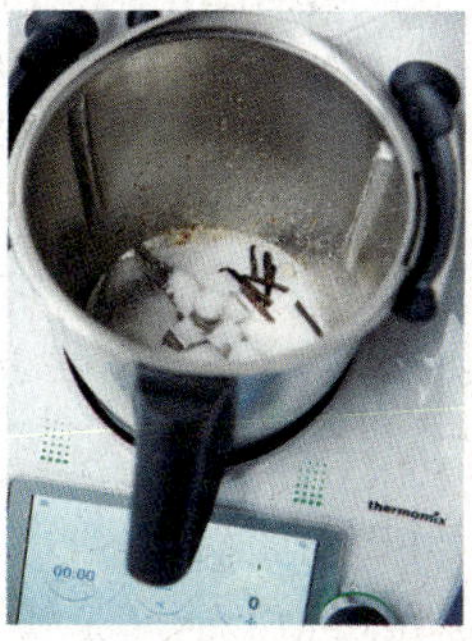

MANDELMUS

400 g ungeschälte oder geschälte Mandeln auf einem Blech bei 180 °C 10–15 Min. rösten. Abgekühlte Mandeln in den geben und **1 Min. | Stufe 10** zerkleinern. Mit dem nach unten schieben und 30 Min. pausieren. Dann **1 Min. | Stufe 6** mixen, erneut mit dem herunterschieben und 30 Min. pausieren. 1 Prise Salz zugeben und ein letztes Mal **1 Min. | Stufe 6** mixen. Mus in saubere Gläser füllen und gut verschließen. Mus hält sich etwa 2 Wochen. **TIPP:** Ersetzt für veganes Gebäck 100 g Butter durch 50 g Mandelmus und 35 g neutrales Öl wie z. B. Sonnenblumenöl.

Fotos: Archiv (3); Ira Leoni (1); Sophia Handschuh (1); StockFood / Gräfe & Unzer Verlag / Brinkop, Maria

All-in-Teig SO WOW!

All in – das heißt, alle Zutaten kommen in den Mixtopf, werden gut verrührt und fertig ist der Teig! Mit Marzipan, „Baileys“, „Guinness“ oder Pumpkin Spice sowie besonderen Formen und Toppings bekommen einfache Kuchen ein winterliches Gewand

Rezepte: Lukas Lotzing | Fotos & Styling: Anna Gieseler

„Baileys“-Marmorkuchen mit Rosmarin-Wald

LOW CARB LOW FAT

01 | 10 std : min

PRO STÜCK: 360 KCAL | 5 G E | 21 G F | 36 G KH

ZUTATEN FÜR 12 STÜCKE

- 220 g weiche Butter, in Stücken, zzgl. etwas mehr zum Fetten
- 150 g Zucker
- 220 g Weizenmehl Type 405
- 3 TL Backpulver
- 3 Eier
- 1 Prise Salz
- 100 g Zartbitterschokolade, in Stücken
- 1 EL Kakaopulver
- 1 EL Puderzucker zzgl. etwas mehr zum Garnieren
- 80 g „Baileys“
- 5 Rosmarinzweige

AUSSERDEM

- 1 Gugelhupfform (1,5 l)

1 Den Backofen auf 160 °C Umluft vorheizen. Eine Gugelhupfform mit Butter einfetten. Butter mit Zucker **2 Min. | Stufe 3** schaumig schlagen. Mehl, Backpulver, Eier sowie Salz zufügen und **30 Sek. | Stufe 3,5** verrühren. Den Teig umfüllen und den Mixtopf spülen.

2 Die Schokolade einwiegen, **5 Sek. | Stufe 7** zerkleinern. **5 Min. | 50 °C | Stufe 2** schmelzen. Die Hälfte des Teigs, Kakao und 1 EL Puderzucker zugeben und mit dem Spatel unterrühren. Den „Baileys“ unter die andere Teighälfte rühren.

3 Den dunklen Teig in die Kastenform geben und gleichmäßig verteilen. Den „Baileys“-Teig daraufgeben und mit einer Gabel marmorieren. Den Kuchen 50 Min. backen. Herausnehmen und abkühlen lassen. Mit Rosmarinzweigen und Puderzucker garnieren und servieren.

>TIPP Mehr über die Backformen lest ihr auf Seite 74.

Baileys

Herrlich cremig, mit feiner Sahne-Note und einem Hauch Whiskey verfeinert der Likör den Rührkuchen. Zudem macht er ihn gleichzeitig schön saftig, sodass er – sollte etwas übrig sein – länger frisch bleibt. Wenn Kinder mitessen, ersetzt den Likör durch Sahne.

Pumpkin Spice

Dürfen wir vorstellen: das ultimative Wintergewürz, easy im Thermomix® zubereitet! Mit fantastischen Aromen wie Zimt, Sternanis, Ingwer und Nelke verleiht die Mischung weihnachtliche Nuancen, die super zum Sandkuchen passen. In Amerika traditionell das Gewürz für Kürbis-Pie, aromatisiert unser Gewürz Kuchen, Spice Latte, Eis und vieles mehr.

EASY

Winterlich duftend mit Frucht on top

Pumpkin-Spice-Sandkuchen mit Orangensahne

01 10 std : min

LOW CARB | LOW FAT

PRO STÜCK: 336 KCAL | 5 G E | 21 G F | 32 G KH

ZZGL. 2 STD. RUHEZEIT

ZUTATEN FÜR 12 STÜCKE

- 200 g weiche Butter, in Stücken, zzgl. etwas mehr zum Fetten
- 150 g Puderzucker
- 220 g Weizenmehl Type 405
- 2 TL Backpulver
- 4 Eier
- 40 g Milch
- 1 Prise Salz
- 2 EL Zitronensaft
- 2 EL Pumpkin Spice (siehe Tipp)
- 200 g Sahne
- 1 Pck. Sahnesteif
- 40 g Puderzucker
- Saft und Abrieb von ½ unbehandelten Orange

AUSSERDEM

- 1 Gugelhupfform (1,5 l)

1 Den Backofen auf 175 °C Ober-/Unterhitze vorheizen. Die Gugelhupfform einfetten.

2 Butter mit Zucker **2 Min. | Stufe 3** schaumig schlagen. Mehl, Backpulver, Eier, Milch, Salz, Zitronensaft und Pumpkin Spice hinzugeben und **30 Sek. | Stufe 3,5** verrühren. Den Teig in die Form geben, glatt streichen und ca. 50 Min. backen. Dann herausnehmen und mind. 2 Std. auskühlen lassen. Den Mixtopf spülen.

3 Den Rühraufsatz einsetzen und Sahne mit Sahnesteif **Stufe 3,5** ohne Zeiteinstellung unter Sichtkontakt steif schlagen. Währenddessen den Puderzucker durch die Deckelöffnung rieseln lassen. 2 EL Orangensaft und Abrieb von ½ Orange zugeben und **10 Sek. | Stufe 3** unterrühren, auf dem ausgekühlten Kuchen verteilen und bis zum Servieren kalt stellen. Nach Belieben mit Orangenzesten und -stücken garnieren.

>PUMPKIN SPICE Für 1 Glas à 50 g 8 Ceylon-Zimtstangen, 2 Sternanise, 20 Gewürznelken, 10 Pimentkörner in den Mixtopf geben. **30 Sek. | Stufe 10** mahlen. 2 TL Ingwerpulver und 2 TL frisch geriebene Muskatnuss zufügen und weitere **10 Sek. | Stufe 6** verrühren. Das Gewürz in ein verschließbares Glas abfüllen.

Lukas

Die Idee von All-in-Teigen ist so simpel: Alle Zutaten kommen in den Mixtopf und der Thermomix® erledigt den Rest. Bei diesen Rezepten mit Zutaten zu experimentieren ist denkbar einfach aber auch umso wirkungsvoller!

So saftig und aromatisch!

„Guinness"-Kuchen mit Mascarpone-Kaffee-Topping

01 | 20 std : min

LOW CARB LOW FAT

PRO STÜCK: 588 KCAL | 7 G E | 36 G F | 58 G KH

ZZGL. 2 STD. RUHEZEIT

ZUTATEN FÜR 12 STÜCKE

- 50 g Zartbitterkuvertüre, in Stücken
- 200 g Butter, in Stücken, zzgl. etwas mehr zum Fetten
- 200 g Schwarzbier („Guinness"), zimmerwarm
- 80 g Kakaopulver
- 250 g brauner Zucker
- 2 Eier
- 120 g Crème fraîche
- 2 TL Backpulver
- 220 g Weizenmehl Type 405
- 1 Prise Salz
- 200 g Sahne
- 200 g Mascarpone
- 150 g Puderzucker
- 1 EL selbst gemachter Vanillezucker
- 20 g Kaffeelikör

AUSSERDEM

- 1 Kastenform (25 cm Länge)

1 Den Backofen auf 170 °C Ober-/Unterhitze vorheizen. Eine Kastenform mit Butter einfetten. Kuvertüre im **5 Sek. | Stufe 7** zerkleinern, Butter zugeben und **5 Min. | 60 °C | Stufe 2** schmelzen. Das Schwarzbier mit Kakao und Zucker zufügen, **20 Sek. | Stufe 3,5** verrühren.

2 Eier, Crème fraîche, Backpulver, Mehl und Salz zugeben **20 Sek. | Stufe 3** unterrühren. Den Teig in die gefettete Form füllen und etwa 1 Std. backen. Herausnehmen und auskühlen lassen. Den spülen.

3 Den Rühraufsatz einsetzen. Sahne, Mascarpone, Puderzucker und Vanillezucker im **Stufe 3,5** ohne Zeiteinstellung unter Sichtkontakt steif schlagen. Kaffeelikör zugeben, **10 Sek. | Stufe 3** unterrühren und auf dem ausgekühlten Kuchen verteilen. Vor dem Servieren 2 Std. kalt stellen.

>**TIPP** Sowohl das Bier also auch die Crème fraîche geben dem Rührteig reichlich Feuchtigkeit. Der Kuchen wird besonders saftig und bleibt daher mehrere Tage frisch und lecker. Er eignet sich also sehr gut, um frühzeitig vorbereitet zu werden.

Das Sahne-Mascarpone-Topping gelingt mithilfe des Rühraufsatzes besonders luftig. Gebt dafür die Mascarpone am besten schon etwas zerteilt und nicht am Stück in den, damit schnell eine homogene Masse entsteht.

Guinness

Ein malziges Aroma und Noten von Lakritz – das irische Bier wird aus geröstetem Malz gebraut und das schmeckt man. In unserem Schokokuchen sorgt es neben Saftigkeit für die dunklere Farbe und einen süßlich-markanten Geschmack. Dieser erinnert etwas an Kaffee und dazu passt er auch perfekt – Widerstand zwecklos!

EASY

Marzipan

Die süße Masse besteht aus nur drei Zutaten: Mandeln, Zucker und Rosenwasser. Für die Zubereitung im Thermomix® 80 g Zucker im **5 Sek. | Stufe 10** pulverisieren und umfüllen. 100 g blanchierte Mandeln im **10 Sek. | Stufe 10** fein mahlen. Puderzucker und 10 g Rosenwasser zugeben und **10 Sek. | Stufe 9** vermischen. Anschließend noch auf der Arbeitsfläche mit den Händen glatt kneten.

Elegant. Geschmackvoll. Festlich.

Marzipankuchen mit Schokoglasur

01 30
std : min

LOW CARB LOW FAT

PRO STÜCK: 476 KCAL | 9 G E | 26 G F | 54 G KH

ZUTATEN FÜR 12 STÜCKE

- 50 g Nüsse (z. B. Haselnüsse, Mandeln)
- 200 g Margarine, in Stücken
- 4 Eier
- 150 g Zucker
- 2 EL selbst gemachter Vanillezucker
- 300 g Weizenmehl Type 405
- 3 TL Backpulver
- 90 g Milch
- 20 g Amaretto
- 300 g Marzipanrohmasse, in Stücken
- 4 Tropfen Bittermandelöl
- etwas Puderzucker zum Ausrollen
- 100 g Zartbitterkuvertüre, in Stücken

AUSSERDEM
- runde Backform (1,5 l)
- Plätzchenausstecher

1 Den Backofen auf 150 °C Umluft vorheizen. Die runde Backform einfetten. Die Nüsse im Mixtopf **4 Sek.** | **Stufe 6** zerkleinern und umfüllen.

2 Die Margarine einwiegen und **2 Min.** | **Stufe 3** glatt rühren. Währenddessen nach und nach die Eier, Zucker und Vanillezucker durch die Deckelöffnung geben.

3 Mehl, Backpulver, Milch, Amaretto, 150 g Marzipan und Bittermandelöl zufügen und alles **3 Min.** | **Stufe 3,5** zu einem glattem Teig verrühren. Den Teig in die Form füllen und ca. 50 Min. backen. Herausnehmen und auskühlen lassen. Den Mixtopf spülen.

4 Restliches Marzipan auf etwas Puderzucker ausrollen und kleine Sterne ausstechen. Kuvertüre einwiegen, **8 Sek.** | **Stufe 8** zerkleinern und **5 Min.** | **50 °C** | **Stufe 2** schmelzen. Über den Kuchen geben, mit Nüssen und Marzipansternen garnieren.

KLEINE GESCHENKE

Selbstgemachtes kommt immer gut an. Diese süßen Leckerbissen kennen eure Liebsten bestimmt noch nicht!

EASY

Schokoladen-Nuss-Salami
Rezept auf Seite 40

KLEIN & FEIN

Die nussige Schokorolle wird zum Genießen in kleine Scheiben geschnitten. Ihr könnt die Rolle am Stück oder auch nur ein paar der Scheiben separat verpackt wie Pralinen verschenken.

SCHÖNE FORM

Um perfekte Kegel zu formen, könnt ihr eine entsprechende Pralinenform zu Hilfe nehmen. Alternativ formt ihr die Masse einfach zu Bällchen oder kleinen Talern.

EASY

Kokos-Baumspitzen
Rezept auf Seite 36

Fotos: StockFood / Bauer Syndication (2) / Illustration: iStock / Getty Images Plus / Ekaterina Romanova (1)

Schokoladen-Nuss-Salami

00 25 std : min

PRO 100 G: 542 KCAL | 13 G E | 39 G F | 40 G KH

ZZGL. 2 STD. KÜHLZEIT

ZUTATEN FÜR 2 STÜCK À 500 G

* **100 g Mandeln**
* **50 g Pekannüsse**
* **50 g Walnüsse**
* **200 g Pistazien**
* **400 g Zartbitterkuvertüre, in Stücken**
* **100 g Zuckerrübensirup**
* **2 Msp. gemahlener Zimt**

1 | Mandeln im **4 Sek. | Stufe 6** hacken, umfüllen. Pekannüsse, Walnüsse sowie 50 g Pistazien in den geben, **5 Sek. | Stufe 4** grob hacken und auf einen flachen Teller geben.

2 | Kuvertüre im **8 Sek. | Stufe 8** zerkleinern, mit dem nach unten schieben und **5 Min. | 55 °C | Stufe 2** schmelzen. Sirup mit Zimt zufügen und **20 Sek. | Stufe 2,5** unterrühren. 150 g Pistazien und Mandeln mit dem unterziehen. In eine Schüssel umfüllen und abkühlen lassen, bis die Masse formbar ist.

3 | Die Masse halbieren und jede Portion auf Backpapier geben. Mithilfe des Papiers zu Strängen formen und diese in der Pistazien-Nuss-Mischung wälzen. Mind. 2 Std. in den Kühlschrank legen. Das Papier an den Enden mit Garn zubinden, sodass die Rolle einer „Salami" ähnelt.

>**TIPP** Zum festen Aufrollen könnt ihr eine Teigkarte oder ein flaches Brett zu Hilfe nehmen: das Backpapier um die Teigrolle schlagen, dann mit dem Hilfsmittel das übergeschlagene Papierende unter die Rolle drücken, dabei das untere Papierende mit der anderen Hand festhalten.

Kokos-Baumspitzen

00 35 std : min

PRO STÜCK: 63 KCAL | 1 G E | 2 G F | 9 G KH

ZUTATEN FÜR 15 STÜCK

* **2 Eiweiß**
* **1 Prise Salz**
* **70 g Zucker**
* **15 g Weizenmehl Type 405**
* **60 g getrocknete Cranberrys**
* **100 g Kokosraspel**

1 | Den Rühraufsatz in den einsetzen. Eiweiße mit Salz **3 Min. | Stufe 4** steif schlagen. Weitere **2 Min. | Stufe 4** einstellen, dabei den Zucker nach und nach durch die Deckelöffnung einrieseln lassen. Rühraufsatz entnehmen, Mehl, Cranberrys sowie Kokosraspel zufügen und alles **1 Min. | | Stufe 3** verrühren.

2 | Den Backofen auf 170 °C Ober-/Unterhitze vorheizen und ein Backblech mit Backpapier belegen.

3 | Aus der Masse mit angefeuchteten Händen 15 „Baumspitzen" bzw. kleine Kegel formen und auf das Backblech setzen. Die Kegel 18–20 Min. backen, bis sich die Spitzen goldbraun verfärbt haben.

>**EIER TRENNEN** Am besten verwendet ihr gekühltes Eiweiß, dass sauber vom Eigelb getrennt wurde. Zum Trennen könnt ihr den Deckel des samt Messbecher zu Hilfe nehmen. Legt den Deckel auf eine Schale und schlagt das Ei auf dem Deckel auf, sodass es auf den Deckelkragen fließt. Das Eiweiß läuft am Messbecher vorbei in die Schale, während das Eigelb auf dem Deckel liegen bleibt. Ist das Eiweiß frei von Eigelb, könnt ihr es in den umfüllen. So fortfahren, bis alle benötigten Eier getrennt sind.

Weihnachtsmüsli

00 25 std : min

PRO PORTION: 344 KCAL | 8 G E | 21 G F | 27 G KH

ZUTATEN FÜR 8 PERSONEN

* **80 g Pistazien**
* **100 g Pekannüsse**
* **120 g kernige Haferflocken**
* **50 g zarte Haferflocken**
* **30 g Sesam**
* **20 g brauner Zucker**
* **75 g getrocknete Cranberrys**
* **½ TL gemahlener Zimt**
* **60 g geröstete Kokoschips**

1 | Erst Pistazien, dann Pekannüsse in den geben und **5 Sek. | Stufe 5** zerkleinern. Pekannüsse, Haferflocken und Sesam in einer Pfanne ohne Zugabe von Fett goldbraun rösten. Zucker zufügen und karamellisieren lassen. Auf Backpapier ausgebreitet abkühlen lassen.

2 | Die Haferflocken-Mischung in den geben. Pistazien, Cranberrys, Zimt sowie Kokoschips zufügen und mithilfe des **20 Sek. | | Stufe 3** vermischen. Nach Belieben zum Verschenken verpacken.

>**TIPP** Beim Vermischen nehmen wir den zu Hilfe, damit sich alle Zutaten im gleichmäßig miteinander vermengen und auch gröbere Zutaten immer wieder nach unten zum Mixmesser geführt werden. Vergesst nicht, hier den Linkslauf zu aktivieren, damit ihr die Mischung nicht zu einer Art „Kernmehl" verarbeitet.

>**VERWENDUNG** Das Müsli kann wie gewöhnlich mit Milch, Saft oder Joghurt gegessen werden, es eignet sich aber auch als Topping für einen Obstcrumble – siehe zum Beispiel Seite 138.

GUT VERPACKT

Füllt die Mischung in Butterbrottüten, Schraubgläser oder kleine Papiertaschen, wie die hier gezeigten. Viele unterschiedliche Boxen und Papiertüten sowie Sticker und Dekomaterial findet ihr unter www.miomodo.de

FIX

Weihnachtsmüsli
Rezept siehe linke Seite

Fotos: StockFood/ Bauer Syndication (1)

ONLINE-COMMUNITY

ZAUBERHAFTE WELT

Ihr wollt mehr? Die **ZauberTopf**-Welt ist vielseitig. Erfahrt hier, welche Plattform zu euch passt, um mehr Rezepte, mehr Ideen, mehr Service rund um den Thermomix® zu erleben

Schritt für Schritt – lasst euch die Rezepte 1:1 auf eurem Handy-Display anzeigen!

ALLES IN EINEM

Der **ZauberTopf**-Club macht euch den Alltag einfach superbequem. Das Rezeptportal könnt ihr ganz nach euren Bedürfnissen nutzen. Ihr findet hier ausnahmslos alle Rezepte aus dem großen **ZauberTopf**-Kosmos. Schon heute könnt ihr jedes Rezept aus diesem Weihnachts-Spezial aufrufen und mithilfe des praktischen Kochmodus (siehe links) Schritt für Schritt gelingsicher nachbacken oder -kochen.

Eure Favoriten immer zur Hand

Jedes Rezept, das euch gefällt, könnt ihr unter „Meine Rezepte" ablegen, mit einem Klick findet ihr sie wieder. Genial: Die Zutatenliste könnt ihr euch als übersichtlichen Einkaufszettel direkt aufs Smartphone schicken. Ihr braucht die doppelte Menge? Lasst euch die Zutatenmengen einfach hochrechnen!

Stöbert in Zeitschriften und Büchern!

Wer Clubmitglied ist, kann in allen Magazinen und Büchern von **mein ZauberTopf** blättern. Gefällt euch ein Rezept, findet ihr es natürlich ebenfalls im Club. Schaut vorbei, testet das Angebot 1 Monat kostenlos. Das Jahresabo gibt's für nur 3 Euro im Monat oder monatlich kündbar für 5 Euro. Mehr unter **www.zaubertopf-club.de**

DIE KOSTENLOSE ZAUBERTOPF-APP

Du bist beim Einkaufen und überlegst, was dir noch fehlt für das Chili? Deine Freundin fragt nach dem Rezept für den Sirup, den du ihr geschenkt hast? Über die Gratis-Club-App kannst du jederzeit und überall auf die mehr als 6.000 Rezepte, deine Einkaufslisten und deine Kochzeitschriften zugreifen!

Rezepte, Kollektionen, Einkaufszettel, die persönlichen Sammlungen und der praktische Kochmodus ermöglichen es, entspannt durch die Woche zu kommen!

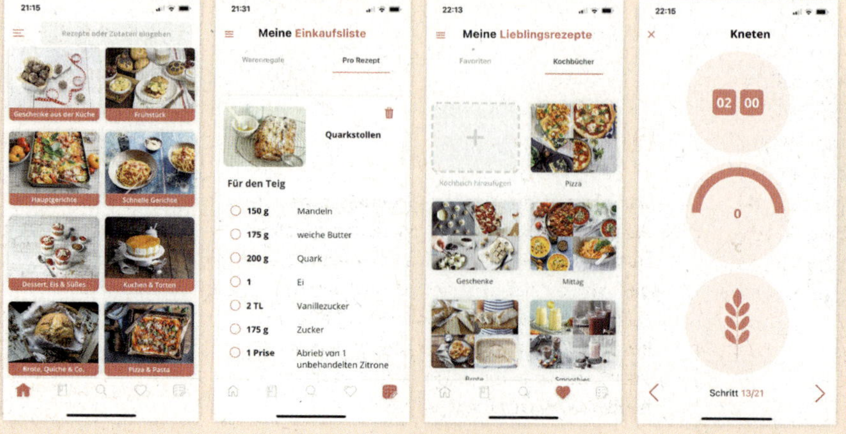

TAUSCHT EUCH MIT UNS AUS!

Auf Facebook sind wir inzwischen über 180.000 Fans des Thermomix®, die ihre Leidenschaft für das Kochen mit dem Zaubertopf teilen. Hier diskutieren wir News und Trendthemen, empfehlen uns gegenseitig praktische Tipps, wenn's um die Nutzung der Funktionen und Zubehöre geht, tauschen traditionelle Familienrezepte aus und wie sie auch im Mixtopf gelingen. Jetzt zur Weihnachtszeit gibt's viele tolle Gewinne zu ergattern – an den Adventssonntagen sowie an Nikolaus und den Feiertagen werden wertvolle Preise verlost und Fans glücklich gemacht. Werdet Teil unserer Community unter **@ZauberTopf.de**

VIELE TOLLE IDEEN!

Egal wie schnell sie wieder vorbei sind – wir lieben Foodtrends und vor allem die Herausforderung, ob wir sie auch mit dem Thermomix® umsetzen können. Dieses Jahr haben uns Bierkastenkuchen, Pink Drink und Pasta-Chips sowie viele weitere kreative Ideen auf Trab gehalten. Zu sagen bleibt – kaum ein Foodtrend kommt am Thermomix® (oder uns) vorbei. Es macht uns einfach Spaß, Neues auszuprobieren und so immer wieder festzustellen: Gut, dass wir den Thermomix® haben!

Wer also mitreden möchte, wenn die Kids über Breakfast Pizza, Mermaid Toast und Sloppy Joe sprechen, oder wer einfach Lust auf tolle Ideen hat, abonniert unseren Instagram-Kanal unter **www.instagram.com/zaubertopf.de**

WIRKLICH *ALLE* THEMEN BEI UNS AUF YOUTUBE

Euch ist der Thermomix® auch schon mal übergelaufen? Auch ihr habt schon mal Gemüse so fein zerkleinert, dass der Salat eher einem Mus glich? Wie ihr die häufigsten Fehler beim Kochen mit dem Thermomix® vermeidet und wie ihr das unerwünschte Mus doch noch in etwas Leckeres verwandelt, verraten wir euch auf unserem YouTube-Kanal. Und ganz ehrlich: Uns ist all das natürlich auch schon passiert, wir kochen schließlich jeden Tag in mehreren Mixtöpfen gleichzeitig ... Da geht schon mal was schief. Umso häufiger hatten wir auch schon die Möglichkeit, zu testen, welcher Trick am besten funktioniert, um Angebranntes vom Topfboden zu lösen, oder was zu tun ist, wenn man den Linkslauf mal wieder vergessen hat ...

Unterhaltung garantiert!
Auf www.zaubertopf.de/youtube

Fotos: iStock/Getty Images Plus/TARIK KIZILKAYA (1), Naoak_Shutter (1), Archiv (5)

PROFI-PINS JEDEN TAG

Auf unserer Pinnwand posten wir jeden Tag wertvolles Mix-Know-how, teilen unsere beliebtesten Rezepte und stellen besondere Ideen zu Kollektionen zusammen. Hier seid ihr immer gut informiert – folgt uns unter **www.pinterest.de/meinzaubertopf**

BLEIBT UP TO DATE MIT UNSEREM NEWSLETTER!

Wir informieren euch über Neuheiten im **ZauberTopf**-Sortiment, wir liefern Inspiration zu aktuellen Themen und lassen euch besondere Angebote als Erstes zukommen. Als Dankeschön für die Anmeldung erhaltet ihr ein exklusives Willkommensgeschenk gleich nach der Anmeldung! Hier entlang: **www.zaubertopf.de/newsletter**

LECKER Lebkuchen

Duftende Gewürze, Honig, Schokolade und eine Prise Liebe – das sind die Zutaten für unser Lebkuchen-Grundrezept. Wir haben außerdem ein paar Ideen, was ihr mit dem Klassiker noch anstellen könnt …

EASY

Lebkuchen
Rezept auf Seite 48

Einfach jedes Jahr wieder gut!

MEHR LEBKUCHEN!
Besucht uns auf unserem YouTube-Kanal und seht dabei zu, wie Moderatorin Désirée Peikert den cremigsten Lebkuchenlikör im Thermomix® zubereitet! Jetzt den Code scannen oder unter www.zaubertopf.de/youtube das Video starten!

Scan mich

Lebkuchen-Schoko-Karamell-Schnitten

01 30 std : min

LOW CARB LOW FAT

PRO STÜCK: 364 KCAL | 6 G E | 15 G F | 50 G KH

ZZGL. 3 STD. RUHEZEIT

ZUTATEN FÜR 16 STÜCKE

FÜR DEN TEIG
- **50 g Butter, in Stücken**
- **100 g brauner Zucker**
- **100 g Honig**
- **1 Ei**
- **350 g Weizenmehl Type 405 zzgl. etwas mehr zum Bearbeiten**
- **1 TL Natron**
- **2 TL gemahlener Zimt**
- **2 TL Ingwerpulver**
- **1 Msp. gemahlene Gewürznelken**

FÜR DEN BELAG
- **395 g gesüßte Kondensmilch (Dose)**
- **60 g Butter, in Stücken**
- **40 g brauner Zucker**
- **50 g weiße Schokolade, in Stücken**
- **200 g Zartbitterschokolade, in Stücken**
- **2 TL Rapsöl**

AUSSERDEM
- **eckige Backform (ca. 20 × 20 cm)**

1 Zutaten für den Teig in den Mixtopf geben, **20 Sek. | Stufe 5** verkneten. Zu einem Riegel formen, in Frischhaltefolie wickeln und ca. 1 Std. kalt stellen. Mixtopf spülen. Kurz vor Ende der Ruhezeit den Ofen auf 170 °C Umluft vorheizen. Backform und ein Backblech mit Backpapier auslegen.

2 Teig halbieren, eine Hälfte auf die Größe der Form ausrollen, in die Form legen. Die andere Teighälfte ca. 6 mm dünn auswellen,16 Sterne ausstechen und auf das Blech legen. Kuchenboden etwa 20 Min. backen, die Sterne 10–15 Min. Beides herausnehmen und abkühlen lassen.

3 Inzwischen Kondensmilch mit Butter und Zucker im Mixtopf **20 Min. | Varoma® | Stufe 2** ohne Messbecher kócheln. Karamellcreme auf den Teigboden füllen, 15 Min. fertig backen. Herausnehmen, auskühlen lassen. Den Mixtopf spülen.

4 Weiße Schokolade im Mixtopf **6 Sek. | Stufe 8** hacken, mit dem Spatel nach unten schieben. **4 Min. | 50 °C | Stufe 2** schmelzen, umfüllen und beiseitestellen. Die Zartbitterschokolade im Mixtopf **8 Sek. | Stufe 8** hacken, mit Spatel nach unten schieben, Öl zugeben, **6 Min. | 50 °C | Stufe 2** schmelzen. Schokolade auf Karamellschicht gießen, mit Sternen belegen und fest werden lassen. Weiße Schokolade darüberträufeln. Vor dem Servieren etwa 2 Std. kalt stellen und in Stücke teilen.

Gingerbread-Rocky-Road

01 00 std : min

LOW CARB LOW FAT

PRO STÜCK: 245 KCAL | 4 G E | 10 G F | 33 G KH

ZZGL. 5 STD. RUHEZEIT

ZUTATEN FÜR 24 STÜCK

FÜR DEN TEIG
- **50 g Butter, in Stücken**
- **100 g brauner Zucker**
- **100 g Honig**
- **1 Ei**
- **350 g Weizenmehl Type 405 zzgl. etwas mehr zum Bearbeiten**
- **1 TL Natron**
- **2 TL gemahlener Zimt**
- **2 TL Ingwerpulver**
- **1 Msp. gemahlene Nelken**

FÜR DIE RIEGEL
- **200 g Vollmilchschokolade, in Stücken**
- **200 g Zartbitterschokolade, in Stücken**
- **80 g Mandelblättchen**
- **100 g Marshmallows, geviertelt**
- **80 g getrocknete Cranberrys**
- **20 g Kokoschips**

AUSSERDEM
- **rechteckige Form (ca. 15 × 25 cm)**

1 Alle Zutaten für den Teig in den Mixtopf geben und **20 Sek. | Stufe 5** vermischen. Zu einem Riegel formen, in Frischhaltefolie wickeln und etwa 1 Std. kalt stellen.

2 Ofen auf 180 °C Ober-/Unterhitze vorheizen, ein Backblech mit Backpapier auslegen. Teig auf bemehlter Arbeitsfläche 6–8 mm dick ausrollen, auf das Blech legen. Etwa 20 Min. backen, auskühlen lassen und grob in Stücke brechen.

3 Rechteckige Form überhängend mit Backpapier auslegen. Beide Schokoladensorten in den Mixtopf geben, **8 Sek. | Stufe 8** hacken, mit dem Spatel nach unten schieben und **8 Min. | 55 °C | Stufe 2** schmelzen. Die Mandelblättchen in einer Pfanne ohne Fettzugabe goldbraun rösten.

4 Mandelblättchen und Keksbruch zusammen mit Marshmallows und Cranberrys mithilfe des Spatels unter die Schokolade rühren und in die Form füllen. Gleichmäßig verteilen, mit Kokoschips bestreuen. Mit überhängendem Papier abdecken. Mind. 4 Std. kalt stellen. Aus der Form lösen und in Streifen oder Stücke schneiden.

>**INFO** Rocky Road – also holprige Straße – bezieht sich auf die wild vermischten Zutaten!

Lebkuchen-Schoko-
Karamell-Schnitten
Rezept siehe linke Seite
Da leuchten
alle Augen …
Fotos: www.StockFood.de/News Life Media | Illustration: Archiv

Basis REZEPT

Lebkuchengewürz

00 05 std : min

LOW CARB LOW FAT

PRO GLAS: 297 KCAL | 5 G E | 5 G F | 51 G KH

ZUTATEN FÜR 1 GLAS (100 ML)

- ★ **2 Zimtstangen (Ceylon)**
- ★ **1 TL Gewürznelken**
- ★ **1 TL Pimentkörner**
- ★ **2 TL Koriandersamen**
- ★ **1 Sternanis**
- ★ **1 TL Fenchelsamen**
- ★ **2 TL Kardamomkapseln**
- ★ **1 TL Kakaopulver**
- ★ **Mark von 1 Vanilleschote**
- ★ **¼ TL frisch geriebene Muskatnuss**
- ★ **1 EL brauner Zucker**
- ★ **1 Prise Salz**

Alle Zutaten in den geben und **1 Min. | Stufe 10** fein mahlen. In ein Glas füllen und luftdicht aufbewahren.

>VERWENDUNG Das selbst gemachte Lebkuchengewürz ist natürlich die perfekte Würze für eure Lebkuchenteige. Darüber hinaus könnt ihr mit dem Pulver auch andere Speisen und mehr aromatisieren. Toll schmeckt beispielsweise ein Lebkuchen-Zucker, der wie Zimt-Zucker mit 1 EL auf 100 g Zucker angerührt wird. Diesen könnt ihr auf Milchreis, Porridge oder Milchkaffee streuen. Alternativ könnt ihr etwas vom Gewürz an Frischkäsefrosting oder Schokoglasur geben, um diesen Toppings eine besondere Note zu verpassen. Auch toll: Vor dem Kaffeekochen ½ TL des Pulvers über das Kaffeepulver streuen und dann aufbrühen. So kocht ihr eine Kanne Weihnachts-Kaffee!

Schneller Lebkuchen

00 45 std : min

LOW CARB LOW FAT

PRO STÜCK: 114 KCAL | 2 G E | 2 G F | 23 G KH

ZZGL. 1 STD. RUHEZEIT

ZUTATEN FÜR 30 STÜCK

FÜR DEN TEIG

- ★ **50 g Butter, in Stücken**
- ★ **100 g brauner Zucker**
- ★ **100 g Honig**
- ★ **1 Ei**
- ★ **350 g Weizenmehl Type 405 zzgl. etwas mehr zum Bearbeiten**
- ★ **1 TL Natron**
- ★ **1 TL Zitronensaft**
- ★ **2 TL gemahlener Zimt**
- ★ **2 TL Ingwerpulver**
- ★ **1 Msp. gemahlene Gewürznelken**

FÜR DIE DEKORATION

- ★ **1 Eiweiß**
- ★ **250 g Puderzucker**
- ★ **Lebensmittelfarbe, bunt gemischt**

1 | Alle Zutaten für den Teig in den geben und **30 Sek. | Stufe 4** vermischen. Zu einem Riegel geformt und in Frischhaltefolie gewickelt 1 Std. kalt stellen. Den spülen.

2 | Den Backofen auf 170 °C Umluft vorheizen. Den Teig auf Backpapier legen, leicht bemehlen und ca. 4 mm dünn ausrollen. Kleine Figuren und Kreise ausstechen. Die Teigreste noch mal zusammenkneten und ebenso verarbeiten.

3 | Die Plätzchen auf mit Backpapier belegte Backbleche legen und im Ofen 10–15 Min. backen. Vorsichtig vom Blech nehmen und auskühlen lassen.

4 | Für die Dekoration den Rühraufsatz einsetzen und das Eiweiß **1 Min. | Stufe 4** leicht aufschlagen. Den Rühraufsatz entnehmen, den Puderzucker zugeben und **30 Sek. | Stufe 3** zu einem dicken Guss verrühren. Kleine Portionen abnehmen, in Schälchen füllen und mit den Farben verrühren. Jeweils in ein Spritztütchen füllen und die Plätzchen nach Belieben bunt verzieren.

>TIPP Je länger der Teig ruht, desto aromatischer wird er. Lasst den fertigen Lebkuchen daher ein paar Stunden Zeit, bevor ihr sie serviert oder weiterverwendet. Eine weitere Idee, wie ihr diese Lebkuchen kreativ einsetzen könnt, findet ihr auf Seite 58!

Für die Kids

Mmmh, WIE SÜSS!

In der Weihnachtsbackstube steigt die Vorfreude auf das große Fest, denn jetzt dürfen die Kleinen mit süßen Keks- und Kuchenteigen, bunten Zuckerperlen und Glasuren kreativ werden. Welche schönen Aufgaben ihr ihnen übertragen könnt, erfahrt ihr in den Tipps

Rezepte: Henrieke Wölfl | Fotos & Styling: Anna Gieseler

Tannenbäume am Stiel

01 35 std : min

LOW CARB LOW FAT

PRO STÜCK: 216 KCAL | 3 G E | 11 G F | 26 G KH

ZUTATEN FÜR 18 STÜCK

- **125 g Butter, in Stücken, zzgl. etwas mehr zum Fetten**
- **75 g Walnüsse**
- **125 g Zartbitterschokolade, in Stücken**
- **2 Eier**
- **150 g Zucker**
- **75 g Weizenmehl Type 405**
- **1 Eiweiß**
- **1 Prise Salz**
- **150 g Puderzucker**
- **1 EL Zitronensaft**
- **etwas grüne Lebensmittelfarbe**
- **bunte Streusel nach Wahl**
- **Schokostäbchen (z.B. „Mikado") oder Papierstäbchen**

AUSSERDEM
- **quadratische Form (etwa 20 × 20 cm)**

1 Ofen auf 180 °C Ober-/Unterhitze vorheizen. Inzwischen eine Form am Boden mit Backpapier belegen, die Ränder leicht fetten.

2 Die Walnüsse im Mixtopf **3 Sek. | Stufe 5** grob hacken und umfüllen. Die Zartbitterschokolade in den Mixtopf geben, **8 Sek. | Stufe 8** zerkleinern und mit dem Spatel nach unten schieben. Butter zufügen und **5 Min. | 50 °C | Stufe 2** schmelzen lassen

3 Eier mit Zucker in den Mixtopf geben und **1 Min. | Stufe 4** schaumig schlagen. Mehl mit Walnüssen zufügen und **10 Sek. | Linkslauf | Stufe 3** untermengen. Den Teig in die vorbereitete Form geben und 20–25 Min. im vorgeheizten Ofen backen. Kuchen herausnehmen und vollständig auskühlen lassen. Den Mixtopf spülen.

4 Den Kuchen aus der Form nehmen und in 3 gleich große Streifen schneiden. Diese jeweils in etwa 6 gleich große Dreiecke schneiden. Den Rühraufsatz in den Mixtopf einsetzen. Eiweiß mit dem Salz zugeben, **3 Min. | Stufe 4** steif schlagen und gegen Ende der Zeit den Puderzucker und Zitronensaft durch die Deckelöffnung zugeben. Den Guss nach Belieben mit Lebensmittelfarbe einfärben.

5 Den Zuckerguss in einen Spritzbeutel mit feiner Lochtülle geben. Jedes Kuchendreieck damit verzieren und beliebig mit bunten Streuseln garnieren. Je 1 Schoko- oder Papierstäbchen als Baumstamm in jeden Schokoladen-Tannenbaum stecken und den Guss trocknen lassen.

> TIPP Die Keksstäbchen am besten erst kurz vor dem Servieren in die Bäumchen stecken, da sie mit der Zeit Feuchtigkeit aus dem Kuchen ziehen und dann etwas weich werden. Alternativ könnt ihr unterschiedlich große Bäumchen ohne Stiele wie einen kleinen Wald auf eine Kuchenplatte stellen.

WICHTIG

Der Thermomix® darf aus Sicherheitsgründen ausschließlich von Erwachsenen bedient werden.

TIPP

Hier können die Kids die Backform vorbereiten. Größere Kinder dürfen nach dem Abkühlen des Schokoladenkuchens diesen in Streifen und Dreiecke schneiden. Sobald der Guss fertig im Spritzbeutel ist oder in Schälchen bereitsteht, darf nach Herzenslust verziert werden.

Zuckersüsse Märchenfiguren

Schneemänner

01 | 20 std : min

LOW CARB · LOW FAT

EASY

PRO STÜCK: 314 KCAL | 5 G E | 9 G F | 52 G KH

ZUTATEN FÜR 12 STÜCK

- **60 g weiche Butter, in Stücken**
- **80 g Zucker**
- **1 Prise Salz**
- **Abrieb und Saft von ½ unbehandelten Zitrone**
- **2 Eier**
- **200 g Weizenmehl Type 405**
- **2 TL Backpulver**
- **80 g Milch**
- **250 g Puderzucker**
- **24 Zuckeraugen**
- **12 Marzipankarotten**
- **80 g Schokotropfen oder kleine Schokolinsen**
- **12 Fruchtgummischnüre**

1 | Den Backofen auf 160 °C Umluft vorheizen. Zwei Bleche mit Backpapier belegen. Butter mit Zucker, Salz und Zitronenabrieb in den [Mixtopf] geben, **2 Min. | Stufe 3** cremig rühren. In der letzten Minute die Eier durch die Deckelöffnung zufügen und unterrühren. Mehl, Backpulver sowie Milch zugeben und **30 Sek. | Stufe 4** zu einem glatten Teig verarbeiten, diesen anschließend in einen Spritzbeutel mit Lochtülle (Ø 8 mm) geben.

2 | Mit ausreichend Abstand je 6 Kreise (Ø 5 cm) auf jedes vorbereitete Backblech spritzen. Über die ersten Kreise dann jeweils 1 weiteren Kreis (Ø 3 cm) spritzen. Schließlich für den Kopf der Schneemänner einen noch kleineren Kreis darübersetzen (Ø 1,5 cm). Die Teiglinge im vorgeheizten Ofen 14–16 Min. backen, dann herausnehmen und auf einem Kuchengitter vollständig auskühlen lassen.

3 | Für den Guss den Puderzucker mit 2 EL Zitronensaft glatt rühren. Die Schneemänner mit dem Guss bestreichen. Mit den Zuckeraugen und den Karotten Gesichter auf dem Kopf bilden. Die Schokotropfen als Knöpfe auf die Schneemänner setzen und mit den Fruchtgummischnüren einen Schal legen. Die Garnitur trocknen lassen und das Gebäck servieren.

TIPP

Ausrollen, ausstechen, aufs Blech legen, nach dem Backen mit Zuckerguss bestreichen, Schoko-Knöpfe aufsetzen, Augen und Nasen aufkleben und jedem Schneemann einen Schal umlegen – hier können die kleinen Bäcker fast alle Handgriffe übernehmen!

Illustrationen: Archiv (1)

Müsliberge

01 00 std : min

LOW CARB · LOW FAT

PRO STÜCK: 71 KCAL | 1 G E | 3 G F | 10 G KH

ZUTATEN FÜR 65 STÜCK

- ★ 75 g Mandeln
- ★ 150 g Butter, in Stücken
- ★ 100 g Honig
- ★ 100 g Apfelsaft
- ★ 200 g kernige Haferflocken
- ★ 175 g Weizenmehl Type 405
- ★ 1 TL Backpulver
- ★ 80 g Zucker
- ★ 1 Prise Salz
- ★ 100 g Rosinen
- ★ 150 g Schokolinsen und bunte Streusel

1 | Den Backofen auf 150 °C Umluft vorheizen. Die Mandeln im Mixtopf **3 Sek. | Stufe 5** hacken. Butter mit Honig und Apfelsaft zufügen, **5 Min. | 50 °C | Stufe 2** erwärmen. Haferflocken, Mehl, Backpulver, Zucker, Salz sowie Rosinen zugeben und alles **10 Sek. | Linkslauf | Stufe 3** vermischen. Schokolinsen und Zuckerstreusel mit dem Spatel unterrühren.

2 | Zwei Bleche mit Backpapier belegen. Die gehackten Süßigkeiten unter die Masse mischen. Mithilfe von Teelöffeln kleine Häufchen der Masse mit Abstand auf die Bleche setzen. Die Teiglinge im vorgeheizten Ofen blechweise 13–15 Min. backen. Dann auf Kuchengittern vollständig auskühlen lassen.

> TIPP Hier könnt ihr den Kids die fertige Keksmasse in Schalen füllen, sodass sie mit Teelöffeln kleine Häufchen auf das Blech setzen können. Wenn ihr möchtet, könnt ihr die Berge anschließend noch zur Hälfte in Schokoladenglasur tauchen.

Butterkekspralinen

00 | 15
std : min

LOW CARB | LOW FAT

PRO STÜCK: 88 KCAL | 1 G E | 5 G F | 9 G KH

ZZGL. 30 MIN. RUHEZEIT

ZUTATEN FÜR 35 STÜCK

- **150 g Butterkekse**
- **250 g Zartbitterschokolade, in Stücken**
- **115 g Butter, in Stücken**
- **50 g Zucker**
- **einige bunte Streusel und Toppings nach Wahl (z.B. bunte Zuckerperlen)**

1 Butterkekse im Mixtopf **10 Sek. | Stufe 8** zerbröseln und umfüllen.

2 Die Zartbitterschokolade in den Mixtopf geben und **8 Sek. | Stufe 8** hacken, mit dem Spatel nach unten schieben. Butter mit Zucker zufügen und **6 Min. | 50°C | Stufe 2** schmelzen. Die Butterkeksbrösel zurück in den Mixtopf geben und **20 Sek. | Stufe 4** vermengen. Die Masse umfüllen und 30 Min. kalt stellen.

3 Von der Pralinenmasse mit einem Teelöffel kleine Portionen abnehmen und mit leicht angefeuchteten Händen zu Kugeln formen. Diese dann in Streuseln oder anderen Toppings nach Wahl wälzen und bis zum Servieren kalt stellen.

>**TIPP** Die Kids können vorab die Butterkekse in eine Schale krümeln, das macht schon Spaß! Ist die Masse fertig, können sie die runden Pralinen formen und sie über Teller voller Toppings rollen!

Illustrationen: Archiv (1)

Welche Wichtel haben denn hier ihre Mützchen vergessen?

Marzipan-Zipfelmützen

01 | 00 std : min

LOW CARB · LOW FAT

PRO STÜCK: 67 KCAL | 1 G E | 2 G F | 11 G KH

ZUTATEN FÜR 45 STÜCK

- ★ **2 Eier**
- ★ **120 g Zucker**
- ★ **1 EL selbst gemachter Vanillezucker**
- ★ **200 g Marzipanrohmasse, in Stücken**
- ★ **200 g Weizenmehl Type 405**
- ★ **1 TL Backpulver**
- ★ **150 g weiße Kuvertüre, in Stücken**
- ★ **etwas rote Lebensmittelfarbe (Pulver)**
- ★ **einige weiße Zuckerperlen**

1 | Den Backofen auf 180 °C Ober-/Unterhitze vorheizen. Eier mit Zucker sowie Vanillezucker in den Mixtopf geben und **2 Min. | Stufe 4** schaumig rühren. Marzipan, Mehl und Backpulver zufügen, alles **1 Min. | Stufe 3** zu einem glatten Teig verrühren. Ggf. zwischendurch mit dem Spatel nach unten schieben.

2 | Zwei Bleche mit Backpapier belegen. Den Teig portionsweise in einen Spritzbeutel mit Sterntülle geben. Mit etwas Abstand 2–3 cm große Tupfen auf die beiden vorbereiteten Bleche spritzen und diese blechweise 8–10 Min. backen. Auf Kuchengittern auskühlen lassen. Den Mixtopf spülen.

3 | Die Kuvertüre im Mixtopf **8 Sek. | Stufe 8** hacken und mit dem Spatel nach unten schieben. Dann **6 Min. | 50 °C | Stufe 2** schmelzen, in ein kleines Schälchen umfüllen und mit roter Lebensmittelfarbe einfärben. Die Marzipanplätzchen hineintauchen und je 1 Zuckerperle als Bommel auf die Spitze setzen. Die Garnitur fest werden lassen und die Plätzchen servieren.

TIPP

Die Kleinen dürfen hier die Bleche mit Backpapier belegen. Auch das Selbstmachen von Spritzbeuteln kann Spaß machen: Dafür einen Gefrierbeutel mit einer Spitze in ein Glas stellen und die Öffnung über den Rand schlagen. Ist der Beutel mit Teig befüllt, können die Nachwuchs-Bäcker eine kleine Ecke des Beutels abschneiden und damit die Mützen aufs Blech setzen. Das Verzieren mit Glasur und Zucker-Bommeln können sie auch übernehmen.

WOW!

Dieser cremige Cheesecake mit knusprigem Lebkuchendorf ist fast zu schade zum Vernaschen – wir decken trotzdem schon mal die Kaffeetafel, denn wir können einfach nicht widerstehen!

Weihnachts-Cheesecake mit Lebkuchendorf

Rezept siehe Seite 60

EINE SÜSSE WEIHNACHTSSTADT FÜR EINE MAGISCHE ADVENTSZEIT – DIE KREATIVE IDEE IST LEICHTER UMGESETZT, ALS SIE VERMUTEN LÄSST …

Fotos: StockFood / Diana Kowalczyk | Illustration: Archiv (1)

Weihnachts-Cheesecake mit Lebkuchendorf

04 20
std : min

LOW CARB LOW FAT

PRO STÜCK: 442 KCAL | 12 G E | 17 G F | 59 G KH

ZZGL. 12 STD. RUHEZEIT

ZUTATEN FÜR 16 STÜCKE

FÜR DAS LEBKUCHENDORF
- **siehe Grundrezept Seite 48 und Infokasten rechts**

FÜR DEN BODEN
- **150 g Weizenmehl Type 405**
- **80 g kalte Butter zzgl. etwas mehr zum Fetten**
- **50 g brauner Zucker**
- **1 EL selbst gemachter Vanillezucker**
- **1 Prise Salz**
- **3 TL Zitronenabrieb**
- **1 Ei**
- **Springform (Ø ca. 26 cm)**

FÜR DIE QUARKCREME
- **3 Eier, getrennt**
- **1 Prise Salz**
- **750 g Quark**
- **120 g Zucker**
- **50 g Vanillepuddingpulver**
- **150 g Sahne**

FÜR DIE DEKORATION
- **1 Eiweiß**
- **200 g Puderzucker**
- **1 TL Zitronensaft**
- **100 g Zartbitterschokolade, in Stücken**
- **50 g Sahne**
- **silberfarbene Zuckerperlen**

1 | Für das Lebkuchendorf am Vortag den Lebkuchen-Grundteig von Seite 48 anfertigen.

2 | Für den Cheesecake-Boden Mehl, Butter, Zucker, Vanillezucker, Salz, 1 TL Zitronenabrieb und das Ei in den [Mixtopf] geben. **30 Sek. | Stufe 5** vermengen, den Teig zu einem Riegel geformt in Frischhaltefolie wickeln und etwa 30 Min. ruhen lassen. Den [Mixtopf] spülen.

3 | Springform mit Butter fetten. Den Teig auf einer bemehlten Arbeitsfläche ausrollen und den Boden der Form damit auslegen. Mehrmals mit einer Gabel einstechen und kühl stellen. Den Backofen auf 200 °C Ober- / Unterhitze vorheizen.

4 | Für die Quarkcreme den Rühraufsatz einsetzen, Eiweiße mit Salz **Stufe 3,5** ohne Zeiteinstellung unter Sichtkontakt steif schlagen und umfüllen. Quark, Zucker, Puddingpulver, restlichen Zitronenabrieb, Sahne sowie Eigelbe in den [Mixtopf] geben und **30 Sek. | Stufe 4** verrühren. Den Eischnee mit dem [Spatel] unterheben, die Quarkmasse auf den Teigboden geben und glatt streichen. Den Kuchen im Ofen etwa 1 Std. backen. Herausnehmen und abkühlen lassen. Den [Mixtopf] spülen.

5 | Für die Lebkuchen den Backofen auf 180 °C Umluft vorheizen. Zwei Bleche mit Backpapier auslegen. Den Teig auf einer bemehlten Fläche ausrollen und 1 Stern sowie mehrere Häuser ausstechen oder -schneiden (siehe Infokasten rechts). Auf die Backbleche legen und im heißen Ofen 15–20 Min. backen. Herausnehmen und auf einem Kuchengitter abkühlen lassen.

6 | Zum Dekorieren das Eiweiß mit eingesetzem Rühraufsatz im [Mixtopf] **1 Min. | Stufe 4** aufschlagen, am Ende der Zeit den Puderzucker und Zitronensaft durch die Deckelöffnung zugeben. Den Guss in einen kleinen Spritzbeutel füllen und Dachziegel, Fenster und Türen auf die Lebkuchen malen. Sehr gut trocknen lassen. Den [Mixtopf] spülen.

7 | Ein Häuschen mit Glasur auf den Stern kleben (bis zum vollständigen Trocknen am besten mit einem Holzspieß abstützen) und diesen komplett weiß glasieren. Ebenfalls sehr gut trocknen lassen.

8 | Die Schokolade im [Mixtopf] **8 Sek. | Stufe** 8 zerkleinern. Sahne zugeben und **5 Min. | 50 °C | Stufe 2** schmelzen. Die Oberfläche des ausgekühlten Kuchens mit der Schokoladenglasur überziehen. Zuckerperlen aufstreuen, bevor die Glasur fest wird. Mit der restlichen Glasur die Lebkuchenhäuschen rund um den Rand des Kuchens kleben. Das Häuschen mit dem Stern auf die Torte setzen. Die übrigen Lebkuchen-Häuschen separat dazureichen.

>TIPP Der Mürbeteigboden dieses Käsekuchens ist im Thermomix® rasant zubereitet. Ihr könnt den Springformboden auch mit einem Bogen Backpapier belegen, dann den Ring der Springform aufspannen. Jetzt mit dem Teig auslegen. So lässt sich der Kuchen später samt Papier vom Boden der Backform auf eine Kuchenplatte ziehen.

>VORBEREITEN Den Käsekuchen und die Häuser könnt ihr sehr gut schon am Vortag backen. Das Zusammensetzen sollte am besten am Tag des Servierens passieren, damit die Lebkuchen nicht zu viel Feuchtigkeit ziehen und weich werden. Frisch mit Zuckerguss „angeklebt" sind sie noch schön knusprig!

Das Grundrezept für die
LEBKUCHENHÄUSER
findet ihr auf Seite 48

UND SO STELLT IHR SIE HER

Den Lebkuchenteig von Seite 48 am Vortag zubereiten. Mit Bleistift unterschiedlich große Hausformen auf einen Bogen Backpapier zeichnen und diese ausschneiden. Den Lebkuchenteig auf einer bemehlten Arbeitsfläche ausrollen. Die Backpapierschablonen auflegen und mit einem Messer ausschneiden. Nun vorsichtig auf ein mit Backpapier belegtes Blech heben, wie in Schritt 5 beschrieben backen und wie in Schritt 6 beschrieben verzieren. Wer mag, kann sich unsere **Schablonen kostenlos herunterladen unter www.zaubertopf.de/zauberhaftes**

Fotos: StockFood / Diana Kowalczyk | Illustrationen: Archiv (1)

Jetzt wird's zauberhaft

Luftige Weihnachts-Hefeschnecken aus dem Varoma®, seidige Eierlikör-Pannacotta aus dem Kühlschrank, knusprige oder softe Küchlein aus dem Backofen oder cremiges Vanillekipferleis aus dem Tiefkühler – wir mixen niedliche Leckereien im Kleinformat

Rezepte: Vera Schubert | Fotos & Styling: Anna Gieseler

Apfelstrudelküchlein mit Filoteig

00 35 std : min

PRO STÜCK: 154 KCAL | 4 G E | 11 G F | 11 G KH

ZUTATEN FÜR 8 STÜCK

- **70 g Butter, in Stücken, zzgl. etwas mehr zum Fetten**
- **200 g Filoteig (Kühlregal)**
- **2 Äpfel, in Stücken**
- **20 g Paniermehl**
- **30 g Mandelblättchen**
- **20 g Rosinen**
- **1 EL Rum**
- **1 TL gemahlener Zimt**
- **1 TL selbst gemachter Vanillezucker**

AUSSERDEM

- **8 Backförmchen oder „ZauberCups"**

1 | Den Backofen auf 175 °C Umluft vorheizen. Die „ZauberCups" mit etwas Butter fetten. Den Teig aus dem Kühlschrank nehmen und ungeöffnet ca. 10 Min. ruhen lassen.

2 | In der Zwischenzeit für die Füllung Butter in den Mixtopf geben und **3 Min. | 60 °C | Stufe 2** zerlassen. 2 EL Butter abnehmen und beiseitestellen. Äpfel zugeben und **4 Sek. | Stufe 4** zerkleinern. Paniermehl, Mandelblättchen, Rosinen, Rum, Zimt und Vanillezucker zugeben, **20 Sek. | Linkslauf | Stufe 2** vermengen.

3 | Den Filoteig in 24 gleich große Quadrate schneiden, ggf. mit einem Teigroller passend ausrollen, mit etwas Butter bepinseln. Je 4 Teigquadrate versetzt in ein Förmchen geben.

4 | Die Füllung in die Förmchen geben und den Teig oben bonbonartig verzwirbeln. Den oberen Teig mit restlicher Butter einpinseln. Die Apfelstrudelküchlein im unteren Drittel des Backofens ca. 20 Min. backen. Anschließend etwas abkühlen lassen und nach Belieben lauwarm oder abgekühlt mit Puderzucker bestäubt servieren.

>TIPP Ihr könnt aus den Zutaten auch einen ganzen Strudel zubereiten. Streicht dabei den Filoteig mit Butter ein, verteilt die Füllung darauf und lasst dabei einen 3-cm-Rand frei. Rollt den Teig von der langen Seite her auf und schlagt die Enden um. Den Strudel mit Butter bestreichen und ca. 35 Min. im Ofen backen.

ZAUBERCUPS

Hier zeigen unsere „ZauberCups", was alles in ihnen steckt! Die kleinen Silikonförmchen mit einer Füllmenge von je 100 ml passen perfekt in den Varoma® und können auch zum Backen oder Tiefkühlen verwendet werden. Das „ZauberCups"-8er-Set bekommt ihr für 19,95 Euro unter www.zaubertopf-shop.de – geliefert werden sie in einer schicken, stabilen Box zum Aufbewahren oder zum Verschenken!

Illustrationen: Archiv (1)

HEFETEIG

Für den perfekten Hefeteig setzt ihr gleich drei geniale Funktionen des Thermomix® ein, damit er garantiert gelingt: Zunächst verwendet ihr die niedrigste verfügbare Temperatureinstellung mit **37 °Grad** für die Hefe-Milch-Mischung, sodass die Hefe aktiviert, aber nicht überhitzt wird.

Als Nächstes wählt ihr den **Teigmodus** (**⸙**) aus, der das Mixmesser in 2-Sekunden-Intervallen vor und zurück bewegt und so ein kräftiges Kneten imitiert. Das Kneten sorgt dafür, dass das Gluten im Teig aktiviert wird, was Elastizität bringt.

Wer Hefeteig zudem **im Varoma®** gart, erhält ein außergewöhnlich softes Ergebnis. Denn: Im Ofen gibt Gebäck in der heißen, trockenen Luft seine Feuchtigkeit ab, während es in Wasserdampf gegart seine Saftigkeit behält. Einfach genial!

Rot-weiße Weihnachtsschnecken

00 50 std : min

PRO STÜCK: 320 KCAL | 5 G E | 13 G F | 46 G KH

ZZGL. 2 STD. RUHEZEIT

ZUTATEN FÜR 8 STÜCK

- **90 g Milch**
- **160 g Zucker**
- **20 g frische Hefe**
- **110 g weiche Butter, in Stücken, zzgl. etwas mehr zum Fetten**
- **250 g Weizenmehl Type 405**
- **1 Ei**
- **1 Prise Salz**
- **rote Lebensmittelfarbe nach Belieben**
- **1 TL gemahlener Zimt**
- **1 Msp. gemahlener Kardamom**
- **500 g Wasser**
- **1 EL Zitronensaft**

AUSSERDEM

- **8 Backförmchen oder „ZauberCups“**

1 Für die Zimtschnecken Milch, 40 g Zucker sowie Hefe in den geben und **2 Min. | 37°C | Stufe 1** erwärmen. 40 g Butter, Mehl, Ei und Salz zufügen, **1 Min. |** verkneten. Den Teig halbieren, eine Hälfte in eine leicht gefettete Schüssel umfüllen und abdecken.

2 Die andere Teighälfte mit etwas roter Lebensmittelfarbe in den geben und erneut **1 Min. |** verkneten. Den gefärbten Teig ggf. erneut mit der Hand durchkneten, sodass er gleichmäßig rot gefärbt ist. Dann ebenfalls in eine leicht gefettete Schüssel umfüllen, abdecken und die beiden Teige etwa 1 Std. gehen lassen, bzw. bis sich das Teigvolumen in etwa verdoppelt hat. Den spülen.

3 Den Varoma® mit Backpapier auslegen. Förmchen oder „ZauberCups“ mit Butter einfetten. Für die Zimtbutter restliche Butter, 20 g Zucker, Zimt, Kardamom in den geben, **5 Sek. | Stufe 5** glatt rühren und umfüllen. Den spülen.

4 Die beiden Teige auf einer bemehlten Arbeitsfläche nacheinander dünn ausrollen (ca. 40 × 15 cm). Die Hälfte der Zimtbutter auf einer Teigplatte verstreichen. Die zweite Teigplatte darauflegen und mit übriger Zimtbutter bestreichen. Von der breiten Seite her aufrollen, in 8 Stücke schneiden und auf die Förmchen verteilen. Die Förmchen in den Varoma® stellen, abdecken und erneut etwa 1 Std. gehen lassen.

5 Das Wasser in den geben, den Varoma® geschlossen aufsetzen und die Zimtschnecken **25–30 Min. | Varoma® | Stufe 2** dämpfen. Anschließend den Varoma® absetzen und die Zimtschnecken etwas auskühlen lassen.

6 Für den Guss den übrigen Zucker in den geben und **10 Sek. | Stufe 10** pulverisieren. Zitronensaft zugeben und **20 Sek. | Stufe 3** vermengen. Die Zimtschnecken mit dem Zuckerguss garnieren und servieren.

>TIPP Die kleinen Schnecken werden durch das Dämpfen im Varoma® unvergleichlich soft und fluffig! Wer sie knuspriger möchte, kann sie auch im vorgeheizten Backofen bei 180 °C Ober-/Unterhitze ca. 10 Min. backen. Dafür die Förmchen auf ein Blech stellen und anschließend zum Abkühlen auf einen Rost setzen.

Eierlikör-Pannacotta mit Kirsch-Glühwein-Kompott

00 30 std : min

LOW CARB LOW FAT

PRO STÜCK: 371 KCAL | 6 G E | 16 G F | 39 G KH

ZZGL. 4 STD. RUHEZEIT

ZUTATEN FÜR 8 STÜCK

- **6 Blatt Gelatine**
- **6 Eigelb**
- **100 g Zucker**
- **1 Prise Salz**
- **200 g Milch**
- **250 g Sahne**
- **Mark von 1 Vanilleschote**
- **1 Msp. frisch geriebene Muskatnuss**
- **120 g Rum**
- **680 g Sauerkirschen (Glas), mit Saft**
- **200 ml Glühwein**
- **20 g Zucker**
- **10 g Stärke**

AUSSERDEM
- **8 Sturzgläser oder „ZauberCups"**

1 Gelatine in kaltem Wasser einweichen. Den Rühraufsatz einsetzen. Eigelbe, Zucker sowie Salz in den geben und **1 Min. | Stufe 3,5** aufschlagen. Milch, Sahne, Vanillemark sowie Muskat zufügen und **12 Min. | 70 °C | Stufe 2,5** vermengen.

2 Gelatine gut ausdrücken, mit Rum in den geben und **2 Min. | Stufe 2,5** verrühren. Die Masse auf 8 Sturzgläser oder „ZauberCups" aufteilen und abgedeckt mind. 4 Std., besser über Nacht, kalt stellen. Den spülen.

3 Nach der Kühlzeit 130 ml Kirschsaft, Glühwein, Zucker sowie Stärke in den geben, **10 Sek. | Stufe 7** vermengen und anschließend **7 Min. | 100 °C | Stufe 2** erhitzen. Die Kirschen in den füllen und das Kompott **2 Min. | 90 °C | | Stufe 1** vermengen.

4 Die Pannacotta auf Teller stürzen, ggf. die Förmchen kurz in heißes Wasser tauchen. Mit dem Glühwein-Kirsch-Kompott garnieren und servieren.

>TIPP Für eine alkoholfreie Variante könnt ihr für die Pannacotta anstelle von Rum einfach mehr Sahne verwenden. Das Kompott könnt ihr entweder mit mehr Kirschsaft oder auch mit Kinderpunsch zubereiten!

Vivien

Das Backformen-Set „ZauberCups“ ist bei mir regelmäßig in Gebrauch – vor allem, weil ich die acht Förmchen so vielseitig einsetzen kann, wie diese Rezepte zeigen. Das Pannacotta mag ich besonders, weil es sich fast von allein macht.

GELINGSICHER

Pannacotta ist ein sehr beliebtes Dessert, an das sich viele nicht so recht herantrauen. Wer einen Thermomix® sein Eigen nennt, hat jedoch keine Schwierigkeiten. Denn: Sahne, Ei und Gelatine hält der Zaubertopf perfekt auf Temperatur, sodass nichts stockt und keine Stücke entstehen. Probiert's aus!

Vanillekipferleis mit gebrannten Mandeln

00 10 std : min

LOW CARB LOW FAT

PRO STÜCK: 267 KCAL | 6 G E | 19 G F | 19 G KH

ZZGL. 8 STD. KÜHLZEIT

ZUTATEN FÜR 8 STÜCK

- **100 g Vanillekipferl**
- **40 g Zucker**
- **80 g gebrannte Mandeln**
- **250 g Milch**
- **200 g Sahne**
- **4 Eigelb**
- **1 Vanilleschote**
- **8 Zuckerstangen oder Holzstäbe**

AUSSERDEM

- **8 gefrierfeste Förmchen oder „ZauberCups"**

1 Vanillekipferl im **3 Sek. | Stufe 3** grob zerkleinern und umfüllen. Zucker und gebrannte Mandeln im **20 Sek. | Stufe 10** pulverisieren. Milch, Sahne und die Eigelbe zufügen. Die Vanilleschote halbieren, das Mark herauslösen und mit der Schote zugeben. Die Zutaten **10 Min. | 90 °C | Stufe 2** erhitzen.

2 Die Eismasse in einen flachen Behälter umfüllen und vollständig abkühlen lassen. Anschließend die Vanillekipferl unterrühren und die Masse auf 8 Eisförmchen oder „ZauberCups" verteilen. Für 1–2 Std. in den Gefrierschrank geben.

3 In jedes Förmchen 1 Zuckerstange oder 1 Holzstäbchen stecken und mind. weitere 6 Std. gefrieren lassen. Anschließend aus den Förmchen lösen und genießen.

>TIPP Ihr könnt das Eis auch als Kugeleis zubereiten. Gebt dafür die Masse in einen flachen, gefrierfesten Behälter und lasst diese mind. 10 Std. gefrieren. Anschließend die Masse in ca. 4 cm große Würfel schneiden und in zwei Portionen im zunächst **15 Sek. | Stufe 6** zerkleinern, dann **1 Min. | Stufe 4** cremig rühren und umfüllen. Die Vanillekipferl unterrühren und das Eis ggf. für weitere 30 Min. gefrieren oder sofort servieren. Durch das Mixen im Thermomix® erhaltet ihr eine besonders cremige Konsistenz!

Lebkuchengipfel mit Zimtglasur

00 45
std : min

LOW CARB LOW FAT

PRO PORTION: 357 KCAL | 7 G E | 18 G F | 43 G KH

ZUTATEN FÜR 8 PERSONEN

- 30 g Mandeln
- 30 g Zartbitterschokolade
- 150 g Weizenmehl Type 405
- 125 g Zucker
- 75 g weiche Butter, in Stücken
- 3 Eier
- 1 EL Rum
- 1 TL Lebkuchengewürz (s. auch Seite 48)
- 1 TL selbst gemachter Vanillezucker
- ½ Pck. Backpulver
- 1 Prise Salz
- 120 g weiße Schokolade, in Stücken
- ½ TL gemahlener Zimt
- Mark von ½ Vanilleschote

AUSSERDEM
- 8 Backförmchen oder „ZauberCups"

1 | Den Backofen auf 180 °C Ober-/Unterhitze vorheizen. Für den Teig Mandeln und Schokolade in den geben, **4 Sek.** | **Stufe 5** hacken. Restliche Zutaten, bis auf Schokolade, Zimt und Vanillemark, zufügen und **20 Sek.** | | **Stufe 4** vermengen. Den Teig in die Förmchen füllen und im heißen Ofen ca. 25 Min. backen. Den spülen.

2 | Für die Glasur Schokolade in den geben und **7 Sek.** | **Stufe 8** zerkleinern. Mit dem nach unten schieben. Zimt und Vanille zugeben und **5 Min.** | **50 °C** | **Stufe 2** schmelzen lassen.

3 | Die Küchlein aus dem Ofen nehmen und vorsichtig aus den Förmchen auf Teller stürzen. Mit der Zimtglasur garniert servieren.

>**TIPP** Als Dekoration haben wir aus Goldpapier kleine Sterne ausgeschnitten und diese auf Holzspießchen geklebt. Damit wurde jeder Gipfel verziert.

NEUHEITEN

FÜR DIE BACKSTUBE

Die Weihnachtsbäckerei ist ein Fest für die Sinne. Auch schöne Accessoires machen jeden Handgriff zur Freude

GUTE ALTERNATIVEN

Wer beim Backen Butter oder Margarine ersetzen möchte, kann Kokosöl zum Beispiel von Dayo Coco verwenden. Es ist flüssig, geschmacksneutral und kann zum Backen, Kochen und Braten eingesetzt werden. 270-ml-Glas ca. 6 Euro, www.dayo-coco.de Übrigens: Kokosöl ist anders als andere Fette ab 25 °C flüssig, wer es fest wie Margarine braucht, stellt's in den Kühlschrank!

PLÄTZCHENPLATZ

Kneten, ausrollen, ausstechen und verzieren – auf einer Teigmatte kann all das stattfinden, ohne die Arbeitsfläche zu beanspruchen. Die softe Silikonmatte ist mit Zentimetermaßen ausgestattet, sodass bei Rezeptangaben der Teig präzise vorbereitet werden kann. Die Kreise im Zentrum helfen, perfekte Böden oder Dekore auszuarbeiten. Etwas klebrige Teige können mithilfe der Matte selbst bearbeitet werden, in dem die Ecken über den Teig geschlagen werden, sodass die Hände nicht mit ihm in Berührung kommen. 60 × 40 cm, 35,85 Euro, www.zaubertopf-shop.de

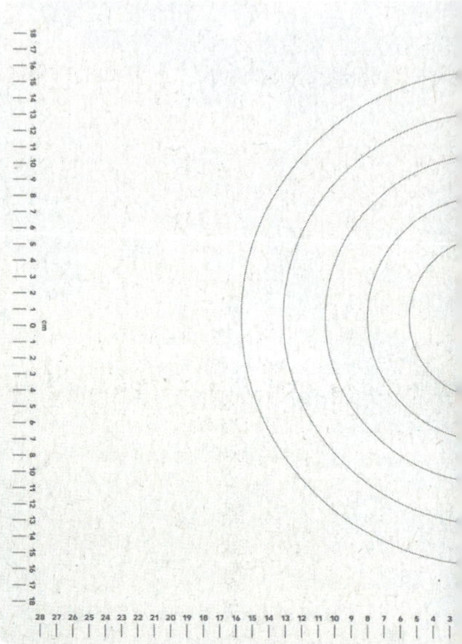

DAS PERFEKTE FINISH

Ein Sahnehäubchen fürs Gebäck – ob Cupcakes, Kastenkuchen oder Kekse: Mit einem Topping aus Schlagsahne oder Frosting setzt ihr eurem Gebäck das i-Tüpfelchen auf. Je nach Art der Spritztülle gelingen so Sterne, Blumen, Swirls oder auch Schriftzüge. Ein Set aus wiederverwendbaren wasch- und spülmaschinenfesten Spritzbeuteln und Tüllen gibt's für ca. 25 Euro. Praktisch dazu: der neue Absetzständer für ca. 13 Euro, der die Tüte für euch beim Befüllen aufrecht hält sowie Platz für 8 Tüllen bietet. Beides unter www.staedter.de

SCHIMMERND SCHÖN

Schokolade am Stiel, Eiskonfekt, Pralinen oder kleine Küchlein – in den „Canelé"-Kupferförmchen (ab 3,5 cm, ca. 15 Euro, www.debuyer-brandshop.com) des französischen Herstellers De Buyer gelingen Leckerbissen wie vom Patissier. Zudem schimmern die Förmchen wie kleine Schätze und machen sich toll als Geschenk.

Übrigens: Die Franzosen verwenden die Formen, um kleine Festtagskuchen darin zu backen. Die sogenannten „Canelés de Bordeaux" sind kleine Vanillepuddingküchlein mit einer zuckrigen Kruste aus Rum und Rohrzucker. In den Förmchen gelingt die perfekte Karamellisierung des Traditionsgebäcks.

LEICHT & RAFFINIERT

Einfache Kekse, Doppeldecker oder Spitzbuben mit einem Klecks Konfitüre in der Mitte – der schlichte runde Keksausstecher ist ein Must-have in der Backstube. Noch ein wenig mehr Eleganz bringt der Wellenrand der 9 unterschiedlich großen Ausstecher von De Buyer. Das Set mit den 2- bis 10-cm-Durchmesser-Förmchen gibt's für ca. 30 Euro, www.debuyer-brandshop.com

Wie das duftet!

Fotos: Dayo Co[illegible] (1); Städter (1); De Buyer (2); Archiv (1)

Macht's euch hübsch!

GROSSER AUFTRITT

In der Adventszeit sorgt der stilvoll gedeckte Tisch für Gemütlichkeit. Eine elegante Etagere setzt eure selbst gemachten Kuchen und Kekse in Szene. Uns gefällt die denimfarbene Tortenplatte der Serie „saisons" von Asa Selection (ab 22 cm Durchmesser, ca. 30 Euro). Für Schokoglasur, Kaffeesahne oder Milchschaum passt das 0,35-l-Kännchen für ca. 14 Euro perfekt dazu. www.asa-selection.com

INS ROLLEN KOMMEN!

Ein Nudelholz ganz nach unserem Geschmack: Vollholz, kein Chichi, freie Bahn für glatte Teige. Das schwere Utensil mit einer Länge von 50 cm bringt von allein einige Kraft mit und erleichtert so das Ausrollen selbst kalter und fester Teige. Ca. 23 Euro, www.cynthiabarcomi.com

FESTTAGSGEBÄCK

Um den hausgemachten Stollen in Form zu bringen, hilft die Stollenbackform „White Christmas Baking" von Dr. Oetker. Aus der 31 cm langen Form mit Antihaftbeschichtung lässt sich das Gebäck einfach herauslösen. Das Stahlblech mit Luftlöchern erzielt eine ausgezeichnete Wärmeleitung, sodass der schwere Hefeteig gleichmäßig gart. Die Form findet ihr für ca. 13 Euro unter www.oetker-shop.de, die passenden Rezepte in unserer großen Kollektion „Alle meine Stollen" unter www.zaubertopf-club.de

ELEGANT SERVIERT

Glanz und Gloria – an den Festtagen sorgen wir mit ein paar Lieblingsstücken aus dem Geschirrschrank für besondere Effekte auf dem Esstisch. Dieses Jahr auf unserer Wunschliste: eine Trifle-Form für Schichtdesserts wie das Kokos-Erdbeereis-Trifle von Seite 106 (Glas bitte auf Tiefkühltauglichkeit prüfen). Wir werden die „Coupe"-Schale mit Fuß auch für den nächsten Schichtsalat sowie für die Silvesterbowle verwenden. Und vielleicht darf sie an ganz normalen Tagen stehen bleiben und ein paar Tannenzweige und eine Lichterkette beherbergen … Uns fällt schon etwas ein. Ca. 20 Euro, www.butlers.com

BACKEN MIT BIO-ZUTATEN

Bei der Plätzchenbäckerei geht's ums Freudebereiten und auch darum, genau zu wissen, was drinsteckt in den Leckereien für die Liebsten. Gerade beim Backen machen gute Zutaten einfach den Unterschied. Neu und in feinster Qualität haben uns die beiden Bio-Zuckersorten von SweetFamily überzeugt. Der neue SweetFamily Bio-Puderzucker macht Bio-Bäckern vor allem dann besondere Freude, wenn der schönste Teil der Adventsbäckerei beginnt: das Verzieren und Verfeinern. Dann schneit es Puderzucker auf Plätzchen und glänzender Zuckerguss krönt selbstgebackene Kekse. Viele Rezepte für die Weihnachtsbäckerei findet ihr auch unter www.sweet-family.de! Den Zucker gibt's überall im Handel – 250 g Bio-Puderzucker 0,89 Euro und 1 kg Bio-Zucker für 1,99 Euro (jeweils UVP).

STREUSEL ZUM NASCHEN

Backofen auf 175 °C Ober-/Unterhitze vorheizen. Ein Blech mit Backpapier belegen. 150 g Mehl, 20 g kernige Haferflocken, 80 g Butter in Stücken, 60 g braunen Zucker, den Abrieb von ½ Bio-Zitrone sowie 1 Prise Salz in den geben und **15 Sek. | Stufe 4** zu Streuseln verarbeiten. Den Teig auf das vorbereitete Backblech krümeln und im vorgeheizten Ofen etwa 20 Minuten goldbraun und knusprig backen.

Fotos: Asa Selection (1); Dr. Oetker (1); Cynthia Barcomi (1); SweetFamily (1); Butlers (1); Archiv (2) | Illustrationen: Archiv

FESTLICHE FORMEN

Die klassischen Backformen kennt jeder. Wer gewöhnlichen Rührteigkuchen den Wow-Effekt verpassen möchte, backt sie einfach in einer besonderen Backform – und schon ist das Staunen groß. Unsere All-in-Teig-Kuchen ab Seite 30 haben wir genauso gemacht. Denn das Auge isst doch immer mit. Ihr findet sensationell kreative Aluminiumgussformen wie die „Heritage Bundt" von Nordic Ware zum Beispiel über www.nordicware-deutschland.de. Hochwertige Silikonformen, die wir gern empfehlen, stellt die Firma Silikomart her. Sie halten ihre Form stabil und die gebackenen Kunstwerke lassen sich einfach lösen. Zum Beispiel gesehen unter www.backtraum.eu

FÜR JEDEN EINE PORTION

Plätzchen zum Mitnehmen? Warum nicht? In unseren Silikonbeuteln sind die Leckerbissen gut verpackt. Ab 13,90 Euro unter www.zaubertopf-shop.de

BLING-BLING!

Wann, wenn nicht zu Weihnachten? Wir lieben glitzernde Dekore für Plätzchen, Kuchen und Torten. Aufregende Streusel gibt's von Happy Sprinkles. Die Mischungen enthalten magische Formen wie Sterne, Herzen und Kügelchen in Pastelltönen, Gold oder Silber. Natürlich alle essbar. Je Mischung 90 g, 6,70 Euro, hier gezeigt: „Celebrations", zu finden unter www.zaubertopf-shop.de

BACKEN UND GESCHICHTEN HÖREN

Wie gemütlich: in der Backstube werkeln und nebenbei einem Weihnachtsmärchen, dem neuen Schwedenkrimi oder einem Liebesroman lauschen. Unsere Kolleg*innen vom BÜCHERmagazin stellen in jeder Ausgabe neue Hörbücher vor, die Leser*innen kostenlos herunterladen können. Buchtipps findet ihr selbstverständlich auch! Mehr unter www.buecher-magazin.de

LIEBER SCHÖN

Wir sind begeistert von wiederverwendbaren Kaffee- und Teebechern zum Mitnehmen aus hochwertigem Porzellan. Die neue Reihe „ToGo & ToStay" von Villeroy & Boch hat so hübsche Exemplare, dass wir sie gern mit Tee, Kaffee oder Kakao sowie ein paar selbst gemachten Pralinen in einer kleinen Schachtel als Genusspaket verschenken. Ab ca. 20 Euro, www.villeroy-boch.de

In der Weihnachtsbäckerei

EINE FÜR ALLES

Eine Auflaufform, in der wir unsere Zimtschnecken backen und anschließend auch noch golden strahlend servieren können: In der puristischen, matt-tiefschwarzen Kollektion „Caviar Black" von Maxwell & Williams sieht Gebäck einfach nur umwerfend aus. Ab ca. 20 Euro unter www.maxwellandwilliams.de

Vegane WEIHNACHTS-BÄCKEREI

Wie euch außergewöhnlich leckere Plätzchen komplett ohne Butter, Ei & Co. mit ganz gewöhnlichen Zutaten gelingen, zeigen unsere 7 Ideen für den bunten Teller!

Schoko-Orangen-Herzen

01 | 00 std : min

PRO STÜCK: 79 KCAL | 1 G E | 5 G F | 6 G KH

ZZGL. 30 MIN. RUHEZEIT

ZUTATEN FÜR 50 STÜCK

- 100 g Mandeln
- Abrieb von 2 unbehandelten Orangen
- 60 g Zucker
- 150 g Weizenmehl Type 405 zzgl. etwas mehr zum Arbeiten
- 1 TL Backpulver
- 2 EL Kakaopulver
- 75 g brauner Zucker
- 150 g Margarine, in Stücken
- 2 EL Karamellsirup
- 200 g Zartbitterkuvertüre, in Stücken

1 | Mandeln **10 Sek.** | **Stufe 7** mahlen und umfüllen. Orangenschale mit dem Zucker **10 Sek.** | **Stufe 6** zerkleinern. Etwa die Hälfte vom Orangenzucker zum Garnieren beiseitestellen. Rest mit Mehl, Backpulver, Kakao, Mandeln, Zucker, Margarine und Sirup **30 Sek.** | **Stufe 5** vermengen. Zu einem Riegel formen, in Frischhaltefolie wickeln und 30 Min. kalt stellen. Den spülen.

2 | Den Ofen auf 170 °C Unter-/Oberhitze vorheizen. Ein Backblech mit Backpapier auslegen. Den Teig auf bemehlter Arbeitsfläche ca. 4 mm dünn ausrollen und Herzen ausstechen. Alle Plätzchen auf das Blech legen und im Ofen etwa 13 Min. backen. Die Plätzchen vom Blech nehmen und auskühlen lassen.

3 | Zum Verzieren die Kuvertüre **6 Sek.** | **Stufe 8** zerkleinern und mit dem herunterschieben. Dann **3 Min.** | **50 °C** | **Stufe 2** schmelzen lassen. In feinen Linien über die Herzen träufeln, mit dem Orangenzucker bestreuen und trocknen lassen.

Matcha-Tannen

01 | 00 std : min

LOW CARB LOW FAT

PRO STÜCK: 70 KCAL | 1 G E | 3 G F | 10 G KH

ZZGL. 30 MIN. RUHEZEIT

ZUTATEN FÜR 40 STÜCK

- **200 g Weizenmehl Type 405 zzgl. etwas mehr zum Bearbeiten**
- **75 g Mandelmehl**
- **150 g Margarine, in Stücken**
- **100 g Zucker**
- **3 TL Matcha**
- **1 TL Backpulver**
- **Abrieb und Saft von 1 unbehandelten Limette**
- **150 g Puderzucker**
- **bunte Zuckerperlen zum Verzieren**

1 Mehl, Mandelmehl, Margarine, Zucker, Matcha, Backpulver und Limettenabrieb im **30 Sek. | Stufe 5** verkneten. Zu einem Riegel formen und in Frischhaltefolie gewickelt etwa 30 Min. kalt stellen.

2 Den Ofen auf 170 °C Ober-/Unterhitze vorheizen. Ein Backblech mit Backpapier auslegen. Den Teig auf bemehlter Arbeitsfläche ca. 4 mm dünn ausrollen und kleine Tannenbäumchen ausstechen. Auf das Blech legen und im Ofen für etwa 15 Min. backen. Die Plätzchen vom Blech nehmen und auskühlen lassen.

3 Zum Verzieren den Puderzucker mit 2–3 TL Limettensaft dickflüssig anrühren. Die Bäumchen mit dem Guss verzieren, mit Zuckerperlen belegen und trocknen lassen.

Vegane Husarenkrapfen
Rezept auf Seite 84

Herrlich mürbe!

Fotos: www.stockfood.de/Kati Neudert

Kokosbällchen

LOW CARB LOW FAT

00 25 std : min

PRO STÜCK: 93 KCAL | 2 G E | 6 G F | 8 G KH

ZZGL. 30 MIN. RUHEZEIT

ZUTATEN FÜR 35 STÜCK

- 20 g Sojamehl
- 60 g Mandeldrink
- 200 g Weizenmehl Type 405
- 100 g Kokosblütenzucker
- 150 g Margarine
- 100 g Kokosraspel
- 75 g gemahlene Mandeln
- 20 g Stärke
- Abrieb von ½ unbehandelten Zitrone
- 1 TL Backpulver

1 Sojamehl mit Mandeldrink in den [Mixtopf] geben und **10 Sek. | Stufe 3** verrühren. Die restlichen Zutaten für den Teig in den [Mixtopf] geben und **30 Sek. | Stufe 4** zum gatten Teig verkneten. Abgedeckt 30 Min. kalt stellen.

2 Den Ofen auf 170 °C Unter/Oberhitze vorheizen. Ein Backblech mit Backpapier auslegen.

3 Aus dem Teig kleine Kugeln formen, auf das Bachblech legen und im Ofen für etwa 10–15 Min. backen. Vorsichtig vom Blech nehmen und auskühlen lassen.

Nougat-Kaffee-Knöpfe

Rezept auf Seite 84

Vera

Das tolle an diesen Rezepten ist, dass keine außergewöhnlichen Zutaten benötigt werden. Die beliebten Konsistenzen und Aromen der Kekse lassen sich mit herkömmlichen Zutaten aus dem Backsortiment jedes Supermarkts zubereiten!

EASY

Fotos: StockFood/Kati Neudert (2); Anna Gieseler (1)

Schwarz-Weiß-Tonka-Schnecken

01 00 std : min

PRO STÜCK: 45 KCAL | 1 G E | 2 G F | 6 G KH

ZZGL. 1 STD. RUHEZEIT

ZUTATEN FÜR 60 STÜCK

- 120 g Margarine, in Stücken
- 200 g Weizenmehl Type 405 zzgl. etwas mehr zum Bearbeiten
- 50 g Puderzucker
- 1 Prise Salz
- 100 g Orangensaft
- 100 g Marzipanrohmasse, in Stücken
- ½ frisch geriebene Tonkabohne
- 2 EL gemahlene Mandeln
- 1 TL gemahlener Zimt
- 1 EL Kakaopulver
- 50 g brauner Zucker

1 Margarine, Mehl, Puderzucker und Salz **20 Sek. | Stufe 4** verkneten. Zu einem Riegel formen und in Frischhaltefolie gewickelt etwa 30 Min. kalt stellen.

2 Orangensaft im **5 Min. | 100 °C | Stufe 1** aufkochen. Mit Marzipan, Tonkabohne, Mandeln, Zimt, Kakao und Zucker für **30 Sek. | Stufe 4** glatt rühren. Teig auf bemehlter Arbeitsfläche zu einem 3–4 mm dünnen Rechteck (15 × 30 cm) ausrollen und mit Marzipancreme bestreichen. Aufrollen und mit Frischhaltefolie bedeckt erneut 30 Min. kalt stellen.

3 Den Ofen auf 170 °C Ober-/Unterhitze vorheizen. Ein Backblech mit Backpapier auslegen. Die Teigrolle in ca. 0,5 cm dicke Scheiben schneiden, auf das Blech legen und im Ofen etwa 15 Min. backen. Die Plätzchen vom Blech nehmen und auskühlen lassen.

>**TIPP** Mehr Infos zur wunderbaren Tonkabohne findet ihr auf Seite 119.

EASY

Neuer Keks-Favorit …

Vegane Lebkuchen
Rezept auf Seite 84

Fotos: www.stockfood.de/Kati Neudert

Vegane Husarenkrapfen

00 45 std : min

PRO STÜCK: 65 KCAL | 1 G E | 2 G F | 10 G KH

ZZGL. 30 MIN. RUHEZEIT

ZUTATEN FÜR 45 STÜCK

- 250 g Weizenmehl Type 405
- 150 g Margarine, in Stücken
- 120 g Puderzucker
- 50 g Mandelmehl
- 1 TL Backpulver
- 1 Prise Salz
- 2 EL kaltes Wasser
- 200 g Johannisbeerkonfitüre
- 2 EL Rum

1 | Alle Zutaten, bis auf Konfitüre und Rum, in den Topf geben und **20 Sek.** | **Stufe 5** zu einem glatten Teig verkneten. Zu einem Riegel formen, in Frischhaltefolie wickeln, 30 Min. kalt stellen. Topf spülen.

2 | Den Ofen auf 170 °C Unter-/Oberhitze vorheizen. Ein Backblech mit Backpapier auslegen. Den Teig in kleinen Portionen zu Kugeln formen, leicht flach drücken und mit dem Daumen eine Mulde eindrücken. Auf das Blech setzen und 10–15 Min. goldbraun backen.

3 | Johannisbeerkonfitüre und Rum in den Topf geben, **4 Min.** | **60 °C** | **Stufe 1** erwärmen. Die Plätzchen mit der Konfitüre füllen und auf einem Kuchengitter auskühlen lassen.

>**TIPP** Der Teig für die Husarenkrapfen ist der ideale Mürbeteig ohne Butter. Ihr könnt ihn daher auch einfach ausrollen und mit Plätzchenausstechern formen, backen und verzieren.

Nougat-Kaffee-Knöpfe

01 00 std : min

PRO STÜCK: 130 KCAL | 2 G E | 8 G F | 12 G KH

ZZGL. 30 MIN. RUHEZEIT

ZUTATEN FÜR 35 STÜCK

- 2 EL Instant-Kaffeepulver
- 40 g heißes Wasser
- 100 g Haselnüsse
- 175 g Margarine, in Stücken
- 120 g brauner Zucker
- 300 g Weizenmehl Type 405 zzgl. etwas mehr zum Arbeiten
- 2 EL Kakaopulver
- Abrieb von 1 unbehandelten Orange
- 1 TL Backpulver
- 100 g veganer Nussnougat, in Stücken
- 100 g Zartbitterschokolade, in Stücken
- 150 g Mandeldrink

1 | Das Kaffeepulver in heißem Wasser auflösen und abkühlen lassen. Haselnüsse **10 Sek.** | **Stufe 8** mahlen. Margarine, Zucker, Mehl, Kakao, Orangenabrieb, Backpulver und Kaffee zugeben, **20 Sek.** | **Stufe 4** zu einem glatten Teig verkneten. Zu einem Riegel formen und in Frischhaltefolie gewickelt etwa 30 Min. kalt stellen. Den Topf spülen.

2 | Den Ofen auf 170 °C Ober-/Unterhitze vorheizen und ein Backblech mit Backpapier auslegen. Den Teig auf der bemehlten Arbeitsfläche ca. 4 mm dünn ausrollen und Kreise (ca. 5 cm Ø) ausstechen. Aus der Hälfte der Kreise mittig kleine Löcher ausstechen. Alle Plätzchen auf das Blech legen und im Ofen etwa 13 Min. backen. Die Plätzchen vom Blech nehmen und auskühlen lassen.

3 | Zum Füllen Nougat und die Schokolade im Topf für **4 Sek.** | **Stufe 7** hacken. Mit dem Mandeldrink **5 Min.** | **60 °C** | **Stufe 2** erwärmen. Umfüllen und streichfähig abkühlen lassen. Die Creme auf die Plätzchen ohne Loch streichen und jeweils ein Plätzchen mit Loch daraufsetzen. Leicht andrücken und fest werden lassen.

>**TIPP** Schöne Ausstecher mit Wellenrand in unterschiedlichen Größen für die Herstellung von Spitzbuben oder diesen Knöpfen stellen wir auf Seite 71 vor.

Vegane Lebkuchen

01 00 std : min

PRO STÜCK: 255 KCAL | 5 G E | 16 G F | 19 G KH

ZZGL. 15 MIN. RUHEZEIT

ZUTATEN FÜR 20 STÜCK

- 40 g Orangeat
- 40 g Zitronat
- 150 g Mandeln
- 100 g Haselnüsse
- 2 EL Weizenmehl Type 405
- 75 g Walnüsse
- 1 TL Lebkuchengewürz
- 1 TL Natron
- 100 g Marzipanrohmasse, in Stücken
- 4 EL Rum
- 100 g Orangensaft
- 2 EL Agavendicksaft
- 20 Backoblaten, ca. 7 cm Durchmesser
- 200 g Zartbitterkuvertüre
- 1 EL Kokosfett
- 40 g gehackte Mandeln
- 50 g getrocknete Goji-Beeren (alternativ Cranberrys oder Rosinen)

1 | Orangeat und Zitronat im Topf **5 Sek.** | **Stufe 6** zerkleinern. Mandeln und Haselnüsse **10 Sek.** | **Stufe 8** mahlen. Mehl, Walnüsse, Lebkuchengewürz, Natron zufügen, **10 Sek.** | **Stufe 3** mischen und umfüllen.

2 | Marzipan im Topf **5 Sek.** | **Stufe 6** zerkleinern. Rum mit Orangensaft zugeben und **6 Min.** | **80 °C** | **Stufe 2** erhitzen. Dann **10 Sek.** | **Stufe 6** glatt rühren.

3 | Nuss-Mischung und Agavendicksaft zufügen, **2 Min.** | Teigstufe verkneten. 15 Min. abgedeckt kalt stellen. Ist die Masse zu fest oder zu weich, Wasser oder Mehl unterkneten.

4 | Ofen auf 160 °C Unter-/Oberhitze vorheizen. Ein Blech mit Backpapier auslegen und die Oblaten darauf verteilen. Je 1 EL der Lebkuchenmasse auf die Oblaten setzen und mit einem Löffel glatt streichen. Etwa 25 Min. backen, dann vom Blech nehmen und auskühlen lassen.

5 | Kuvertüre im Topf **8 Sek.** | **Stufe 7** zerkleinern. Mit Kokosfett **5 Min.** | **50 °C** | **Stufe 2** schmelzen. Lebkuchen damit glasieren, mit Mandeln und Goji-Beeren verzieren, trocknen lassen.

Aus dem Thermomix®

ins Glas

Mit diesen vier besonderen Ideen überrascht ihr eure Lieben. Dieses Jahr gibt's zur Adventszeit trendy Christmas Crunch, Weihnachtspudding-Pulver, Birnenküchlein und „Mon Chérie"-Konfitüre!

Rezepte: Lukas Lotzing | Fotos & Styling: Kathrin Knoll

Christmas Crunch
Rezept auf Seite 90

Weihnachtspudding-Pulver
Rezept auf Seite 88

Birnen-Nuss-Küchlein
Rezept auf Seite 88

„Mon Chéri"-Konfitüre
Rezept auf Seite 91

Illustrationen: Archiv (2)

Weihnachtspudding-Pulver

00 05 std : min

PRO PORTION (1 TL): 38 KCAL | 0 G E | 1 G F | 8 G KH

PRO PORTION PUDDING: 139 KCAL | 5 G E | 5 G F | 18 G KH

ZUTATEN FÜR 3 GLÄSER À 125 G

- ★ **200 g Stärke**
- ★ **60 g harte Karamellbonbons**
- ★ **60 g Zucker**
- ★ **40 g Kakaopulver**
- ★ **4 Zimtstangen**
- ★ **3 Pimentkörner**
- ★ **½ Tonkabohne**
- ★ **4 Gewürznelken**
- ★ **2 Kardamomkapsel**
- ★ **1 Sternanis**
- ★ **½ TL frisch geriebene Muskatnuss**
- ★ **½ TL Fenchelsamen**

Alle Zutaten in den geben und **20 Sek. | Stufe 10** zerkleinern. In sterile Gläser füllen und an einem kühlen, trockenen Ort lagern. So hält sich das Puddingpulver etwa 3 Monate.

>**VERWENDUNG** Für 4 Portionen Pudding 60 g Puddingpulver mit 500 g Milch im **12 Min. | 95 °C | Stufe 2** erhitzen. Sehr cremig wird der Pudding, wenn ihr noch 1 Eigelb zugebt. Als Topping eignet sich zerbröselter Lebkuchen.

Birnen-Nuss-Küchlein im Glas

00 40 std : min

PRO STÜCK: 680 KCAL | 13 G E | 48 G F | 53 G KH

ZUTATEN FÜR 6 PERSONEN

- ★ **50 g Walnüsse**
- ★ **50 g Haselnüsse**
- ★ **50 g Mandeln**
- ★ **200 g weiche Butter, in Stücken, zzgl. etwas mehr zum Fetten**
- ★ **200 g Birnen, geschält und in Stücken**
- ★ **150 g Zucker**
- ★ **4 Eier**
- ★ **150 g Dinkelmehl Type 812 zzgl. etwas mehr zum Bearbeiten**
- ★ **1 TL Backpulver**
- ★ **1 Msp. gemahlener Zimt**
- ★ **1 TL gemahlener Kardamom**

AUSSERDEM

- ★ **6 ofenfeste Sturzgläser (à 160 ml)**

1 | Walnüsse, Haselnüsse und Mandeln im **2 Sek. | Stufe 5** grob zerkleinern. Die gehackten Nüsse umfüllen und beiseitestellen.

2 | Die Backofen auf 175 °C Ober-/Unterhitze vorheizen. Die Gläser fetten (darauf achten, dass kein Fett an den oberen Rand kommt) und mit etwa 2 EL Nüssen ausstreuen. Birnen in den geben, **5 Sek. | Stufe 5** zerkleinern und umfüllen.

3 | Butter mit Zucker in den geben und **30 Sek. | Stufe 4** schaumig rühren. Die Eier zufügen und **2 Min. | Stufe 4** verrühren. Mehl, Backpulver, Zimt, Kardamom und Rest Nuss-Mischung **30 Sek. | Stufe 4** unterrühren. Birnen zugeben und **30 Sek. | | Stufe 3** unterheben.

4 | Die vorbereiteten Gläser zu zwei Dritteln mit dem Teig füllen. Die Küchlein im vorgeheizten Backofen etwa 20 Min. backen. Entweder etwas abkühlen lassen und noch lauwarm servieren oder sofort mit dem Deckel verschließen und abkühlen lassen.

>**HALTBARKEIT** Die eingeweckten Kuchen bleiben mehrere Wochen frisch.

>**TIPP** Als Topping schmeckt Schlagsahne, etwas pure Crème double oder Crème fraîche!

Tipp

Die milde Süße der Birne harmoniert besonders mit kernigen Zutaten wie Nüssen und Dinkelmehr sehr gut. Die Küchlein könnt ihr verschlossen verschenken oder als Nachspeise noch warm direkt im Glas servieren.

MEHR DAVON?
Ein tolles Schichtdessert im Glas mixen wir für euch auf YouTube! Zum Anschauen den Code scannen und das Vido direkt starten oder unter www.zaubertopf.de/youtube aufrufen.

Scan mich

Christmas Crunch

00 15 std : min

LOW CARB LOW FAT

PRO PORTION: 579 KCAL | 12 G E | 27 G F | 75 G KH

ZUTATEN FÜR 10 PERSONEN

- ★ 375 g weiße Kuvertüre, in Stücken
- ★ 70 g „Cheerios“
- ★ 100 g „Cini Minis“
- ★ 130 g Weizenkissen
- ★ 100 g Mini-Salzbrezeln
- ★ 200 g Erdnüsse, geröstet und gesalzen
- ★ 200 g rote und grüne Schoko-Erdnüsse
- ★ 100 g Weihnachtsstreusel (rot, gold, weiß, grün)

1 Die Kuvertüre **8 Sek. | Stufe 8** zerkleinern, mit dem Spatel nach unten schieben und **6 Min. | 50°C | Stufe 2** schmelzen. Die Cerealien, Brezeln und Erdnüsse zugeben und mit dem Spatel gut durchmischen.

2 Die Mischung auf ein mit Backpapier ausgelegtes Backblech geben, nach Belieben mit Schoko-Erdnüssen und Streuseln bestreuen und aushärten lassen. In Stücke brechen und genießen.

>**TIPP** Ihr könnt die ausgehärtete Mischung naschen oder erneut **5 Sek. | Stufe 5** im Mixtopf zerkleinern und so als Topping für Kuchen oder Cupcakes verwenden. Im Glas verschlossen eignet sich der Crunch als Geschenk.

FIX

Tipp

Christmas Crunch liegt als Snack voll im Trend. Die Knabberei besteht aus Lieblingssüßigkeiten und Schokolade. Je nachdem, was ihr mögt, könnt ihr das Rezept variieren. Wichtig sind vor allem knusprige Basiszutaten.

Tipp

Das beliebte Kirschkonfekt hat uns zu einer Konfitüre inspiriert, die die Geschmacks-Komponenten aufgreift. Ihre wunderbar rote Farbe und die angenehme Säure machen sich auch auf Spitzbuben für Erwachsene gut!

„Mon Chéri"-Konfitüre

00 20 std : min

LOW CARB · LOW FAT

PRO PORTION (1 EL): 20 KCAL | 0 G E | 0 G F | 4 G KH

ZUTATEN FÜR 6 GLÄSER À 250 ML

- ★ **1000 g Sauerkirschen (TK), aufgetaut**
- ★ **10 „Mon Chéri"**
- ★ **500 g Gelierzucker 2:1**
- ★ **100 g Amaretto**
- ★ **50 g Nussnugatcreme**
- ★ **Mark von 1 Vanilleschote**

Sauerkirschen und „Mon Chéri" in den Mixtopf geben, **5 Sek. | Stufe 8** zerkleinern. Restliche Zutaten zufügen und **25 Min. | 100 °C | Stufe 2** kochen. In sterile Gläser füllen und verschließen.

>HALTBARKEIT
Ungeöffnet, kühl und dunkel gelagert hält sich die Konfitüre mindestens 2 Monate.

>TIPP Schmeckt als Aufstrich zu Croissants und Brötchen oder auch auf dem Christstollen. Aufgewärmt könnt ihr die Konfitüre als Fruchtsoße zu Eis, Joghurt, Milchreis, Waffeln oder Pfannkuchen servieren. Auch auf den Linzer Sternentürmchen sowie der Knusperherzen auf Seite 28 oder als Füllung der Husarenkrapfen auf Seite 84 macht sie sich gut!

FIX

NEUE WEIHNACHTS-FOLGEN AUS DER ZAUBERTOPF-KÜCHE!

mein ZauberTopf FEIERT AUF YouTube

In unserer Küche wird während der gesamten Adventszeit reichlich gekocht und gebacken. Hier bekommt ihr Inspiration für selbst gemachte Geschenke, die besten Kekse und natürlich auch fürs Festmenü!

WIR MIXEN …

ÜBER 40.000 FANS KÖNNEN SICH NICHT IRREN!

In unserer **ZauberTopf**-Küche wird jede Woche gemixt. Moderatorin Désirée Peikert widmet sich in jeder Folge einem anderen Thema rund um Thermomix®. Ihr habt eine Frage? Désirée beantwortet sie. Ihr habt ein technisches Problem? Sie löst es! Ihr braucht eine gute Idee? Désirée inspiriert euch! Inzwischen folgen über 43.000 Fans dem **ZauberTopf**-Kanal. Seid dabei, stellt Fragen, kommentiert die Folgen und entscheidet mit, was als Nächstes gemixt wird!

KOCHEN UND BACKEN

Ob Sommer oder Winter – bei uns gibt's passende Rezepte. Jetzt nähern wir uns der Adventszeit. Auch dazu findet ihr spannende Folgen, in denen Désirée Liköre kocht, Salzteig für die Weihnachtsdeko oder gebrannte Mandeln zubereitet, Lebkuchen und Plätzchen backt oder Bratäpfel im Varoma® gart. Für die Festtage gibt's das große Raclette-Spezial sowie Sous-vide gegartes Fleisch aus dem Thermomix®.

TIPPS UND TRICKS

Wie vermeide ich die häufigsten Fehler beim Kochen mit dem Thermomix®, wie kann ich das Zubehör des Thermomix® auch noch einsetzen, wie kann ich Pflanzenmilch im Mixtopf zubereiten oder Backtrennmittel herstellen? Wir verraten euch, was ihr wissen solltet, und zeigen euch unsere besten Tricks!

EINFACH UND LECKER

Die beliebtesten Rezepte mixen wir natürlich auch für euch – erlebt, wie ihr supercremigen Hummus zubereitet, die beliebtesten One Pots herstellt, Guacamole, Pizza oder Ketchup und Sour Cream selbst macht – ihr werdet staunen, was im Thermomix® alles geht und wie einfach es ist!

KEINE FOLGE VERPASSEN

Abonniert den **ZauberTopf**-Kanal völlig kostenlos und erlebt jede Woche neue Ideen. Ihr wollt informiert werden, wenn eine neue Folge online ist? Dann drückt die „Glocke" – so erhaltet ihr sofort eine Info!

… Weihnachtsmarkt-Klassiker wie gebrannte Mandeln …

… die besten Liköre im Thermomix® …

… einfach beeindruckende Gerichte für die Familie und …

… mit smartem Zubehör für Mixtopf und Varoma®!

Fotos: Anna Gieseler (5); iStock/Getty Images Plus/intophoto (1) | Illustration: Archiv (1)

Direkt zum Kanal geht's hier: Scan mich WWW.ZAUBERTOPF.DE/YOUTUBE

Märchenhaft VERPACKT

mein ZauberTopf und Ferrero präsentieren euch neue Ideen, wie ihr eure selbst gemachten Leckereien in Szene setzt!

KALENDER VOM BLECH

In diesem besonderen Adventskalender ist Platz für 24 kleine Leckereien. Die Mulden eines Mini-Muffin-Blechs könnt ihr mit Pralinenförmchen auslegen, dort hinein selbst gemachte Pralinen, Kekse, Schokoladenstücke oder Rocher setzen. Obendrauf noch runde Kärtchen mit den Ziffern für jeden Tag kleben. Alternativ eine umgedrehte Pralinenform mit den Ziffern beschriften oder bestempeln.

FÜR SIRUPS UND LIKÖRE

Ein schönes Geschirrtuch oder eine Stoffserviette könnt ihr anstelle von Geschenkpapier verwenden, um 2 Flaschen stilvoll zu verpacken. Dazu beide Flaschen Boden an Boden mit einigen Zentimetern Platz dazwischen an eine Spitze des Tuchs legen. Dies nun von der Spitze mit den Flaschen aufrollen. Jetzt die Enden zusammenknoten, ein Ferrero-Küsschen anhängen, fertig!

Fotos: Ferrero | Illustration: Archiv (1)

GOLDENE DEKOZWEIGE

Ihr möchtet die Kaffeetafel festlich decken? Mit dieser glanzvollen Idee bringt ihr Weihnachtszauber auf den Tisch! Besprüht kleine Zweige mit Goldspray, stanzt mit einem Locher aus Goldpapier kleine Kreise aus und klebt diese locker verteilt auf die Zweige. Zusammen mit einem glänzenden Rocher und einem Namenszettel als Willkommensgruß sorgt ihr für strahlende Augen!

Alle Bastelanleitungen und mehr Dekoideen findet ihr unter www.kreativ-mit-ferrero.de

Foto: Ferrero

mein ZauberTopf
www.zaubertopf.de

Impressum

mein ZauberTopf ist eine unabhängige Publikation aus dem Hause falkemedia und steht in keinerlei Verbindung zu den ıternehmen der Vorwerk-Gruppe. Die Marken Thermomix®, TM5® ınd Varoma® sowie die Produktgestaltungen des „Thermomix®“ ıd eingetragene Marken der Unternehmen der Vorwerk-Gruppe. Für die Rezeptangaben in **mein ZauberTopf** ist ausschließlich falkemedia verantwortlich.

Verlag
falkemedia GmbH & Co. KG, An der Halle 400 #1, 24143 Kiel
Tel. +49 431 200 766-0, Fax +49 431 20 07 66 50
E-Mail: info@zaubertopf.de, www.zaubertopf.de

Herausgeber
Kassian Alexander Goukassian (v. i. S. d. P.)

Mitglied der Geschäftsleitung & Ltg. Marketing
Wolfgang Pohl

Chefredakteurin/Teamleitung
Vivien Koitka

Redaktion (redaktion@zaubertopf.de)
Stefanie Nickel, Svenja Rudolf,
Hannah Hold (Elternzeit); CVD: Tina Richter;
Druckmanagement: Alexandra Jürgensen

Für Rezeptfragen, Korrekturen und Anmerkungen
www.zaubertopf.de/rezept-updates

Rezeptentwicklung
Madeline Bartsch, Charlotte Heyn, Lukas Lotzing,
sabel Prinz, Vera Schubert; Sven Hoevermann (Küchenmeister)

Art-Direktion/Layout
Lisza Clausen

Grafik und Bildbearbeitung
Lara Klemm, Nadja Ulrich, Nele Witt,
Kathrin Knoll (Bildbearbeitung)

Lektorat
SchlussBlick

Fotografen dieser Ausgabe
Anna Gieseler, Kathrin Knoll

Abonnementbetreuung
abo@zaubertopf.de, Tel. +49 711 72 52 293,
nein ZauberTopf Abo-Service, Postfach 810640, 70523 Stuttgart

Mediaberatung
Silja Aicher (kontakt@aichermediakontor.de)
Aicher Mediakontor, Tel. +49 40 87 07 44 41

Martin Wetzel (Martin.Wetzel@brmedien.de)
Tel. +49 2241 17 74 14, Fax: +49 2241 17 74 20

Sascha Eilers (s.eilers@falkemedia.de), Tel. +49 4340 49 93 79,
Mobil: +49 151 53 83 44 12, Fax: +49 4340 49 93 91

Anzeigenkoordination
rte Schröder (d.schroeder@falkemedia.de), Tel. +49 431 20 07 66 12

zeigenpreise: Siehe Mediadaten 2021 unter www.zaubertopf.de

Produktionsmanagement/Druck
impress GmbH, www.impress-media.de

Vertrieb
DMV Der Medienvertrieb GmbH & Co KG
Meßberg 1, 20086 Hamburg

Vertriebsleitung
Hans Wies, DMV Der Medienvertrieb GmbH & Co KG
(Hans.Wies@dermedienvertrieb.de)

Bezugsmöglichkeiten
Abo, Zeitschriften- und Buchhandel, Bahnhöfe, Flughäfen

Einzelpreis: 5,50 Euro (reguläres Heft), 9,99 Euro (Spezial)
Jahresabonnement: 42,90 Euro
Europäisches Ausland zzgl. 0,90 Euro je Ausgabe.
In den Preisen sind Mehrwertsteuer und Zustellung enthalten.
Bezogen auf 8 Ausgaben im Jahr. Der Verlag behält sich die Veränderung der Erscheinungsfrequenz vor.

Manuskripteinsendung
Manuskripte jeder Art werden gern entgegengenommen. Sie müssen frei von Rechten Dritter sein. Mit der Einsendung ɔt der Verfasser die Zustimmung zum Abdruck des Manuskriptes auf Datenträgern der Firma falkemedia. Ein Einsenden ȝarantiert keine Veröffentlichung. Honorare nach Vereinbarung oder unseren AGB. Für unverlangt eingesandte Manuskripte übernimmt der Verlag keine Haftung.

Bei falkemedia erscheinen außerdem die Publikationen LandGenuss, monsieur cuisine by mein ZauberTopf, Healthy Life, So is(s)t Italien, NaturApotheke, Mac Life, BEAT, DigitalPHOTO, BÜCHERmagazin und Die 101 Besten.
© falkemedia, 2021 | www.falkemedia.de | ISSN 2510-392X

falkemedia

SERVICE

SYMBOLE

Mit unseren Symbolen und Angaben habt ihr schnell den Überblick, wie man ein Rezept zubereitet und ob es eurer Ernährung entspricht

REZEPTE

Damit ihr beim Kochen und Backen schnell erfassen könnt, was zu tun ist, haben wir wiederkehrende Funktionen und Zubehöre durch die gezeigten Symbole ersetzt.

- MIXTOPF
- TEIGMODUS
- LINKSLAUF
- SPATEL
- SANFTRÜHRSTUFE

ERNÄHRUNG

Ob ein Rezept eure ganz persönlichen Ernährungskriterien erfüllt, erkennt ihr an unseren Kennzeichnungen direkt an den Rezepten.

Erfüllt ein Rezept ein Kriterium, ist das entsprechende Symbol eingefärbt. Ist die Eigenschaft nicht erfüllt, ist das Symbol ausgegraut.

So seht ihr auf einen Blick, ob ihr bedenkenlos zugreifen könnt!

- VEGETARISCH
- VEGAN
- LAKTOSEFREI
- GLUTENFREI
- KALORIENARM
  Hauptgerichte < 500 kcal, Suppen/Vorspeisen < 350 kcal, süße Rezepte < 150 kcal, jeweils pro Portion
- LOW CARB – KOHLENHYDRATARM
  < 25 % der Kilokalorien entstehen durch Kohlenhydrate
- LOW FAT – FETTARM
  < 20 % der Kilokalorien entstehen durch Fett

NÄHRWERTE

Zu jedem Rezept findet ihr die konkreten Nährwerte mit den hier rechts erklärten Abkürzungen.

- KCAL – KILOKALORIEN
- g E – GRAMM EIWEISS
- g F – GRAMM FETT
- g KH – GRAMM KOHLENHYDRATE

BESONDERE VORZÜGE

EASY – Schnelle und unkomplizierte Rezepte mit wenigen Zutaten, die meist vorrätig sind.

FIX – Rezepte, die in maximal 35 Minuten zubereitet sind.

Edle Tropfen – selbst gemacht

Selbst gemachte Sirups oder Liköre kommen immer gut an. Für unsere weihnachtlichen Kreationen aus dem Thermomix® kombinieren wir besondere Aromen

DAS QUARTETT DES WINTERS

Die Rezepte
findet ihr auf Seite 100

Fotos: www.StockFood.de/ Walter Cimbal | Illustrationen: Archiv (1)

Besondere Geschenke

Himbeer-Glühwein-Sirup

00 35 std : min

PRO PORTION (2 CL): 28 KCAL | 0 G E | 0 G F | 6 G KH

ZUTATEN FÜR 2 FLASCHEN À 800 ML

- 1000 g Himbeeren (TK)
- 100 g Wasser
- 500 g Zucker
- 500 g Rotwein
- 1 EL Glühweingewürz

Himbeeren mit Wasser in den geben, den Garkorb als Spritzschutz aufsetzen und **12 Min. | 100 °C | Stufe 1** aufkochen. Das Püree durch ein feines Sieb streichen und zurück in den geben. Zucker, Rotwein und Glühweingewürz zugeben, erneut **10 Min. | 100 °C | Stufe 1** aufkochen, dann **10 Min. | 85 °C | Stufe 1** köcheln lassen. Sirup in sterile Flaschen füllen, verschließen und abkühlen lassen. Gekühlt 3 Monate haltbar.

>**TIPP** Passt zu fruchtigen Desserts, Gebäck und Getränken.

Clementinen-Lebkuchen-Sirup

00 25 std : min

PRO PORTION (2 CL): 28 KCAL | 0 G E | 0 G F | 7 G KH

ZUTATEN FÜR 1 FLASCHE À 1000 ML

- Saft von 10 Clementinen (ca. 600 ml)
- 350 g Zucker
- 1 TL Lebkuchengewürz
- Saft und Abrieb von 2 unbehandelten Zitronen

Clementinensaft, Zucker, Lebkuchengewürz, Zitronensaft und -abrieb in den geben. Den Garkorb als Spritzschutz aufsetzen und **10 Min. | 100 °C | Stufe 1** aufkochen. Dann **10 Min. | 90 °C | Stufe 1** ziehen lassen. Den Sirup in eine sterile Flasche füllen. Verschließen, auskühlen lassen und 2–3 Tage im Kühlschrank ziehen lassen. Dunkel und kühl gelagert ist der Sirup etwa 3 Monate haltbar.

>**TIPP** Der Sirup harmoniert mit sahnigen und schokoladigen Desserts, Gebäck und Getränken.

Granatapfel-Vanille-Aperol-Likör

00 05 std : min

PRO PORTION (2 CL): 55 KCAL | 0 G E | 0 G F | 6 G KH

ZUTATEN FÜR 1 FLASCHE À 1000 ML

- Saft und Kerne von 1½ Granatäpfeln
- 2 Vanilleschoten, längs halbiert
- 850 g Aperol
- 2 EL selbst gemachter Vanillezucker

Die Kerne von 1 Granatapfel mit den Vanilleschoten in eine sterile Flasche füllen. Den Granatapfelsaft, restliche Granatapfelkerne, Aperol und Vanillezucker **10 Sek. | Stufe 6** mixen, durch ein feines Sieb in die Flasche füllen. Im Kühlschrank gelagert ca. 4 Wochen haltbar.

Ingwer-Kokos-Limoncello-Likör

00 05 std : min

PRO PORTION (2 CL): 55 KCAL | 0 G E | 0 G F | 6 G KH

ZUTATEN FÜR 1 FLASCHE À 1000 ML

- 3 cm Ingwer
- 250 g Kokoslikör
- 750 g Limoncello
- 2 EL Zitronenblätter

Den Ingwer **2 Sek. | Turbo** zerkleinern. Kokoslikör und Limoncello zugeben und **10 Sek. | Stufe 5** verrühren. Die Zitronenblätter in eine sterile Flasche geben und mit dem Likör auffüllen. Einige Wochen haltbar.

>**TIPP** Wer keine Zitronenblätter bekommt, verwendet ersatzweise Zitronenmelisse oder Zitronengras.

RATGEBER

ELEGANZ IM GLAS

So vielseitig könnt ihr selbst gemachte Leckereien in der Flasche zubereiten, verpacken und verschenken

SCHICKE GEFÄSSE

Es lohnt sich, übers Jahr hinweg hübsche Gläser und Flaschen, die ihr beim Einkaufen erworben habt, aufzubewahren und jetzt für Geschenke aus dem Glas bereitzuhalten. Unser Tipp: Achtet schon beim Einkaufen auf attraktive Gefäße, die ihr gern wiederverwenden mögt und die sich gut befüllen und luftdicht verschließen lassen. Schraub- und Bügelgläser sowie -flaschen mit Glas- oder Metalldeckeln eignen sich besser als Kunststoffgefäße, da sie sich deutlich besser reinigen und sicher wieder verschließen lassen. Braucht ihr neue Behälter, schaut euch zum Beispiel bei www.flaschenland.de um, hier findet ihr auch besondere Forme, Materialien und tolle Verschlüsse.

TOLLES TAPE

Einfacher geht Deko nicht. Mit den Klebebändern, die online unter „Masking-Tape“ oder „Washi-Tape“ zu finden sind, könnt ihr Gläser und Flaschen sowie auch Kekstüten aus Zellophan oder Butterbrottüten aus Papier genau wie Keksdosen im Nu hübsch verzieren.

WAS TUN MIT FRUCHTSIRUPS?

Besonders einfach: Gebt ca. 30 ml des Sirups auf je 100 ml sprudelndes Mineralwasser für Schorle oder an Prosecco für das Extra-Aroma. Auf Eis oder Vanillepudding schmeckt Sirup als Soße. 1 TL im Früchtetee bringt ein ganz neues Erlebnis in die wärmende Tasse. Mit etwas Sirup verrührte Schlagsahne oder Frosting gibt Napfkuchen, Waffeln und Muffins eine festliche Haube. Auf Pancakes geträufelt kommt schon zum Frühstück Adventsgefühl auf. Wer Konfitüren, Kompotte oder Mus einkocht, kann mit dem süßen Sirup die Kreationen verfeinern.

WELCHER ALKOHOL EIGNET SICH FÜR LIKÖRE?

Je nachdem, ob ihr den Geschmack des Alkohols als Eigengeschmack nutzen oder dem Getränk eine eigene Note verpassen wollt, verwendet ihr unterschiedliche Produkte. Wodka oder Rum eignen sich hervorragend, um den Geschmack von Bonbons, Kräutern oder Gewürzen zu übernehmen, da sie selbst neutraler schmecken. Spirituosen wie Aperol oder Limencello bringen schon einen intensiven Eigengeschmack mit, den ihr mit anderen Aromen kombinieren könnt.

SAFTBASIS, SELBST GEMACHT

Sirups und Liköre könnt ihr auch mit selbst gemachten Säften zubereiten. Das Entsaften kann jetzt der Thermomix® für euch übernehmen. Der neue Entsafter **„Mixfino“** für TM6 und TM5® (**24,95 Euro**) sitzt passgenau auf dem Mixtopf und leitet den aus dem Varoma® tropfenden Fruchtsaft über einen Schlauch direkt in das gewünschte Gefäß. Wollt ihr Zitrusfrüchte frisch auspressen, könnt ihr die praktische „Saftpressse“ für den TM6 oder TM5® (38,45 Euro) verwenden. Sie presst für euch mit unterschiedlichen Aufsätzen den Saft von der kleinen Limette bis zur großen Grapefruit in Windeseile aus. Beide Zubehöre findet ihr unter www.zaubertopf-shop.de

DIE BESTEN LIKÖRE

Auf unserem YouTube-Kanal mixen wir für euch noch weitere Liköre. In dieser Folge entsteht ein super cremiger Marzipanlikör! Jetzt unter **www.zaubertopf.de/youtube** zuschauen oder den Code scannen und direkt zum Video gelangen.

Scan mich

Fotos: StockFood/ Gräfe & Unzer Verlag/ Coco Lang (1); Gettyimages.de/iStock/ emmepiphoto(1), Gettyimages.de/ Alexandr Vorontsoc (1); Archiv (1)

Magische EISTORTEN

Unsere 6 Winter-Kreationen sorgen für coole Momente auf der Kaffeetafel. Das Beste: Tage im Voraus zubereitet, holt ihr sie zum Servieren einfach aus dem Tiefkühler!

Pistazien-Schokoladensplitter-Eistorte

00 45
std : min

LOW CARB LOW FAT

PRO STÜCK: 543 KCAL | 12 G E | 34 G F | 46 G KH

ZZGL. 8 STD. RUHEZEIT

ZUTATEN FÜR 10 STÜCKE

- **100 g Zartbitterschokolade, in Stücken**
- **80 g Pistazien**
- **300 g Löffelbiskuits**
- **40 g Butter**
- **30 g Kakaopulver**
- **400 g Sahne**
- **250 g Milch**
- **150 g Zucker**
- **1 Vanilleschote, halbiert**
- **2 Eigelb**
- **2 Eier**
- **40 g Pistazienmus**

AUSSERDEM
- **1 hohe Springform (Ø 20 cm)**

1 Schokolade im **5 Sek. | Stufe 7** zerkleinern und umfüllen. Die Pistazien **3 Sek. | Stufe 5** zerkleinern und ebenfalls umfüllen. Die Springform mit Frischhaltefolie auskleiden. Den Rand der Form mit Löffelbiskuits umstellen. Butter im **3 Min. | 60°C | Stufe 1** zerlassen. Die restlichen Löffelbiskuits in Stücken zugeben und **6 Sek. | Stufe 8** zerkleinern. 2 EL Kakao zufügen und **15 Sek. | Stufe 3** vermischen. Bröselmasse in die Form geben, als Boden andrücken und kalt stellen. Den spülen.

2 Den Rühraufsatz einsetzen. Die Sahne **Stufe 3,5** ohne Zeiteinstellung unter Sichtkontakt steif schlagen und umfüllen. Den spülen.

3 Die Milch mit Zucker und Vanilleschote im **8 Min. | 98°C | Stufe 2** aufkochen. Umfüllen und 10 Min. ziehen lassen. Den Rühraufsatz einsetzen. Eigelbe und Eier **30 Sek. | Stufe 3,5** verquirlen. **10 Min. | 80°C | Stufe 2** einstellen. Die Vanilleschote entnehmen und die Vanillemilch durch ein Sieb in den gießen. Die Mischung abkühlen lassen.

4 Die Sahne mit dem unterheben. Die Masse halbieren, unter eine Hälfte die Hälfte der Schokolade ziehen und in die Form füllen. 2 Std. anfrieren lassen.

5 Unter die übrige Eismasse mithilfe des die Hälfte der Pistazien und das Pistazienmus ziehen. Auf die helle Eismasse füllen und mind. 6 Std. frieren lassen. Vor dem Servieren aus der Form lösen, mit dem übrigen Kakao bestäuben und mit der restlichen Schokolade und den übrigen Pistazien bestreuen.

>TIPP Damit die Torte ihre Stabilität behält, sollte die Springform ungefähr Löffelbiskuit-Höhe haben. Statt einer hohen Springform könnt ihr auch den Rand einer gewöhnlichen Springform mit einem gefalteten Bogen Backpapier erhöhen.

Fotos:StockFood.de/ News Life Media (1); iStock/Getty Images Plus/RED_SPY (1)

Mmmh...

Vanille-Kirsch-Eisschnitte

00:40 std : min

LOW CARB LOW FAT

PRO STÜCK: 548 KCAL | 8 G E | 35 G F | 50 G KH

ZZGL. 6 STD. RUHEZEIT

ZUTATEN FÜR 10 STÜCKE

- **200 g Zartbitterschokolade, in Stücken**
- **2 EL Sonnenblumenöl**
- **250 g Amarenakirschen mit Sirup, abgetropft**
- **1200 g Vanilleeis**
- **100 g Sahne**
- **2 EL Puderzucker**
- **100 g Mascarpone**

AUSSERDEM

- **1 Kastenform (25 cm Länge)**
- **Schokolade zum Garnieren, in langen dünnen Streifen**

1 Kastenform mit Frischhaltefolie auskleiden. Schokolade im **6 Sek. | Stufe 8** hacken, mit dem Spatel nach unten schieben und mit dem Öl **3 Min. | 50 °C | Stufe 2** schmelzen. Dünn auf Backpapier streichen, aushärten lassen und in für die Form passende Stücke schneiden. spülen.

2 Die Kirschen in den geben. Das Vanilleeis leicht antauen lassen, knapp die Hälfte davon abnehmen und mit 4 EL Kirschsirup in den geben. **20 Sek. | Stufe 3,5** vermengen. Die Kastenform mit einer Schicht Schokolade auslegen und darauf die Hälfte vom Vanilleeis streichen. Mit Schokolade belegen und mit Kirsch-Eis bedecken. Mit den übrigen Zutaten wiederholen, mit Schokolade abschließen.

3 Den Rühraufsatz einsetzen. Die Sahne **Stufe 3,5** ohne Zeiteinstellung unter Sichtkontakt steif schlagen, währenddessen den Puderzucker durch die Deckelöffnung rieseln lassen. Mascarpone **30 Sek. | Stufe 3** mithilfe des unterheben. In einen Spritzbeutel füllen und in Schlangenlinien aufdressieren. Mit 2–3 EL Kirschsirup beträufeln und die Torte mind. 6 Std. einfrieren.

4 Die Eistorte vor dem Servieren aus der Form lösen und mit übriger Schokolade und nach Belieben mit angefrorenen Kirschen garnieren.

Foto: StockFood/ News Life Media

Kokos-Erdbeer-Eis-Trifle mit Gin-Gelee

00 50
std : min

LOW CARB LOW FAT

PRO PORTION: 597 KCAL | 9 G E | 28 G F | 69 G KH

ZZGL. 4 STD. 30 MIN. RUHEZEIT

ZUTATEN FÜR 8 PERSONEN

- **500 g Erdbeeren, in Scheiben**
- **100 g Zucker**
- **400 g Wasser**
- **7 Blätter Gelatine**
- **100 g Gin**
- **150 g Sahne**
- **30 g Baiser**
- **750 g Kokoseis**
- **100 g Erdbeerkonfitüre**
- **750 g Erdbeereis**

AUSSERDEM

- **gefriergeeignete Glasschale (Ø 18 cm)**

1 | Die Glasschale mit Frischhaltefolie auskleiden. 250 g Erdbeeren mit Zucker und Wasser in den Mixtopf füllen. **5 Min | 98°C | Stufe 1** köcheln lassen.

2 | Die Gelatine in kaltem Wasser einweichen, ausdrücken und in einem kleinen Topf bei niedriger Hitze auflösen. Die Gelatine mit Gin vermischen, **20 Sek. | Stufe 3** einstellen und die Mischung durch die Deckelöffnung zugeben. Durch ein feines Sieb gießen und leicht ausdrücken. Die Hälfte der übrigen Erdbeeren mit dem Spatel unterheben. In die Form füllen und abkühlen lassen, dann mind. 4 Std. kalt stellen. Den Mixtopf spülen.

3 | Den Rühraufsatz einsetzen. Die Sahne auf **Stufe 3,5** ohne Zeiteinstellung unter Sichtkontakt steif schlagen. Baiser zerbröseln und mit dem Spatel unter die Schlagsahne ziehen. Das Kokoseis in die vorbereitete Form füllen, glatt streichen und mit der Erdbeerkonfitüre bedecken. Darauf das Erdbeereis füllen und mit der Baiser-Sahne fortfahren. Mit dem Gelee toppen und mit den übrigen Erdbeeren belegen. Nochmals ca. 30 Min. einfrieren.

>**INFO** Ein Trifle ist ein Schichtdessert, das besonders in England und Amerika beliebt ist.

Jede Schicht ein Gedicht!

Fotos: StockFood / News Life Media (1); iStock / Getty Images Plus / RED_SPY (1)

Oh, wow!

Himbeer-Lebkuchen-Eistorte

LOW CARB | LOW FAT

00 30 std : min

PRO STÜCK: 528 KCAL | 8 G E | 23 G F | 67 G KH

ZZGL. 6 STD. RUHEZEIT

ZUTATEN FÜR 10 STÜCK

- **50 g Butter, in Stücken**
- **250 g fertiger Biskuitboden, zerkrümelt**
- **1 TL Ingwerpulver**
- **40 g Rum**
- **1500 g Vanilleeis**
- **2 TL Lebkuchengewürz (siehe Rezept Seite 48)**
- **200 g Himbeeren (TK)**
- **3 Eiweiß**
- **150 g Zucker**

AUSSERDEM

- **Springform (Ø 20 cm)**
- **Flambierer**

1 | Die Springform mit Backpapier auslegen. Butter in [Mixtopf] geben, **2 Min. | 60 °C | Stufe 1** zerlassen. Teigkrümel, Ingwer sowie Rum zufügen und **20 Sek. | Stufe 4** vermengen. Die Masse in die Form füllen und gleichmäßig an Boden und Rand andrücken. Den [Mixtopf] spülen.

2 | Das Eis leicht antauen lassen. Mit Lebkuchengewürz und den Himbeeren **30 Sek. | Stufe 3** vermengen. Die Mischung auf den Kuchenboden füllen. Glatt streichen und mind. 6 Std. einfrieren. Den [Mixtopf] spülen.

3 | Vor dem Servieren das Eiweiß **Stufe 3,5** ohne Zeiteinstellung unter Sichtkontakt steif schlagen, währenddessen den Zucker einrieseln lassen. Die Eistorte aus der Form lösen und die Baisermasse darauf verteilen. Mit dem Flambierer goldbraun flambieren und servieren.

> **TIPP** Ein Rezept für den perfekten selbst gemachten Obstboden zum Zerkrümeln findet ihr unter www.zaubertopf-club.de

Fotos: StockFood/ News Life Media (1); iStock/Getty Images Plus/Eerik (1)

Profiteroles-Kranz

01 30
std : min

PRO STÜCK: 226 KCAL | 4 G E | 11 G F | 26 G KH

ZZGL. 3 STD. RUHEZEIT

ZUTATEN FÜR ZUTATEN FÜR 22 STÜCK

- **3 EL gefriergetrocknete Himbeeren**
- **100 g Milch**
- **250 g Wasser**
- **1 Prise Salz**
- **100 g Butter, in Stücken**
- **150 g Weizenmehl Type 405**
- **4 Eier**
- **1200 g Eis, nach Geschmack (z.B. Vanille, Schokolade)**
- **200 g Zucker**

1 | Die Himbeeren je nach gewünschter Größe **1–2 Sek. | Turbo** im Mixtopf zerkleinern und umfüllen. Für die Profiteroles die Milch, 150 g Wasser, Salz sowie die Butter in den Mixtopf geben und **8 Min. | 98 °C | Stufe 2** aufkochen lassen. Dann das Mehl zufügen und **3 Min. | 70 °C | Stufe 3** rühren. 15 Min. abkühlen lassen. Anschließend die Eier zugeben und **30 Sek. | Stufe 4** gut unterkneten.

2 | Den Backofen auf 200 °C Ober-/Unterhitze vorheizen und ein Blech mit Backpapier auslegen. Den Teig in einen Spritzbeutel mit Lochtülle füllen und ca. 22 Tupfen auf das Backblech setzen. Im vorgeheizten Ofen ca. 25 Min. goldbraun backen, herausnehmen und abkühlen lassen.

3 | Die Profiteroles waagrecht halbieren und jeweils mit 1 Kugel Eis füllen. Zusammensetzen und aneinandergereiht in Kranzform auf ein Blech legen. Etwa 3 Std. einfrieren.

4 | Vor dem Servieren den Zucker mit 100 g Wasser in einem Topf zu goldbraunem Karamell einkochen und über den Kranz träufeln. Nach Belieben mit gefriergetrockneten Himbeeren garnieren und servieren.

Charlotte

Backen ist eine Leidenschaft von mir. Ein Highlight ist für mich die Zubereitung cremiger Massen im Thermomix® – die Konsistenzen, die er erreicht, begeistern mich noch immer. Für die Zubereitung der Eistortencremes kommt diese Qualität intensiv zum Einsatz.

Fotos: StockFood/ News Life Media (1); Anna Gieseler (1)

Blaubeer-Eistorte mit Vanillepudding

00 | 50 std : min

PRO STÜCK: 519 KCAL | 9 G E | 29 G F | 55 G KH

ZZGL. 6 STD. RUHEZEIT

ZUTATEN FÜR 10 STÜCKE

- **250 g Apfelsaft**
- **250 g Blaubeeren (TK)**
- **2 EL Zitronensaft**
- **20 g Vanillepuddingpulver**
- **1500 g Vanilleeis**
- **75 g Butter, in Stücken**
- **50 g Mandeln**
- **200 g Butterkekse, in Stücken**

AUSSERDEM

- **Gugelhupfform (24 cm Ø)**

1 | 200 g Apfelsaft mit den Blaubeeren und dem Zitronensaft im **15 Min. | 100 °C | Stufe 1** aufkochen. In der letzten Minute Puddingpulver mit dem übrigen Apfelsaft verrühren und durch die Deckelöffnung geben. In eine Schüssel füllen und auskühlen lassen. Den spülen.

2 | Die Gugelhupfform mit Frischhaltefolie auskleiden. Die Eiscreme etwas antauen lassen und abwechselnd mit der Blaubeermasse in die Form füllen. Mit einem Stäbchen oder einer Gabel leicht marmorieren. Etwa 2 Std. einfrieren.

3 | Butter einwiegen und **3 Min. | 60 °C | Stufe 1** zerlassen. Die Mandeln mit den Keksen zufügen und alles **8 Sek. | Stufe 8** zerkleinern. Auf das Eis geben und leicht andrücken. Mind. weitere 4 Std. einfrieren. Die Eistorte aus der Form stürzen und nach Belieben mit Vanillesoße servieren.

>VANILLESOSSE 1 Vanilleschote längs halbieren, das Mark herauslösen. Beides mit 250 g Sahne in den geben und **3 Min. | 100 °C | | Stufe 1** aufkochen. Auf 80 °C abkühlen lassen und die Vanilleschote entfernen. Den Rühraufsatz in den einsetzen. 3 Eigelb, 2 EL Zucker sowie 1 Prise Salz hineingeben und **6 Min. | 80 °C | Stufe 4** erhitzen. Umfüllen und servieren.

Die sorgt für Furore!

Fotos: StockFood/ News Life Media (1); iStock/Getty Images Plus/tjasam (1)

Fotos: Archiv

JETZT WIRD *angestoßen*

Adventssonntag oder Heiligabend – an diesen besonderen Tagen gönnen wir uns Christmas-Cocktails mit Stil!

Rezepte: Charlotte Heyn | Fotos & Styling: Anna Gieseler

White Russian mit Tonkaschaum

REZEPT AUF SEITE 119

PERFEKT GEMIXT wie vom Bartender

Überlasst dem Thermomix® das Shaken! Der Mixtopf vermischt die edlen Zutaten in Sekundenschnelle wie ein Profi. So bleibt alles schön cool und eine weitere Portion ist im Nu gemixt!

Illustrationen: Archiv (1)

Mehr Winter-Cocktails findet ihr hier:
WWW.ZAUBERTOPF-CLUB.DE

Frost Cocktail

00:05 std : min

LOW CARB · LOW FAT

PRO GLAS: 86 KCAL | 0 G E | 0 G F | 9 G KH

ZUTATEN FÜR 4 GLÄSER À 300 ML

- 1 Zitrone
- etwas Zucker zum Garnieren
- 600 g Eiswürfel
- 300 g Bitter Lemon
- 100 g Blue Curaçao
- 60 g Wodka
- 200 g Kokosdrink

1 Die Zitrone halbieren, den Saft auspressen und mit der Innenseite der Schale den Rand von 4 Gläsern befeuchten. Etwas Zucker in eine kleine Schale füllen und die Glasränder darin eintauchen.

2 Die restlichen Zutaten in den Mixtopf geben und **30 Sek. | Stufe 8** mixen. Den Cocktail auf die Gläser aufteilen und servieren.

Alexandra

Cocktails mixen? Dass der Thermomix® auch das übernimmt, finde ich einfach cool! Das sind genau die Ideen, mit denen ich meine Gäste wirklich jedes mal faszinieren kann.

FÜR DIE BAR

Die aktuellen Trends und wertvolle Tricks für tolle Drinks und Cocktails

White Russian mit Tonkaschaum

00 10 std : min

LOW CARB LOW FAT

PRO GLAS: 397 KCAL | 2 G E | 20 G F | 16 G KH

ZUTATEN FÜR 4 GLÄSER À 200 ML

- 170 g Wodka
- 140 g „Kahlúa"
- 200 g Eiswürfel
- 250 g Sahne
- 1 EL Puderzucker
- 1 Msp. frisch geriebene Tonkabohne zzgl. etwas mehr zum Garnieren

1 Wodka, „Kahlúa" sowie Eiswürfel in den geben und **20 Sek. | Stufe 5** mixen. Drink durch ein feines Sieb in gekühlte Gläser einfüllen. Den kurz ausspülen.

2 Sahne, Puderzucker und Tonkabohne im unter Sichtkontakt auf **Stufe 3,5** cremig, aber nicht ganz steif schlagen. Den Schaum über einen Löffelrücken in die Gläser geben, sodass zwei Schichten entstehen. Nach Belieben mit etwas geriebener Tonkabohne garnieren und servieren.

Gin(gle) Bells

00 15 std : min

LOW CARB LOW FAT

PRO GLAS: 141 KCAL | 1 G E | 0 G F | 16 G KH

ZUTATEN FÜR 4 GLÄSER À 200 ML

- 2 Gewürznelken
- 1 Sternanis
- 1 Zimtstange
- 160 g Gin
- 20 g brauner Zucker
- 1 unbehandelte Orange
- Eiswürfel nach Belieben
- 600 g Tonicwater

1 Die Gewürze, Gin und den braunen Zucker in den geben. 5 Streifen Orangenschale mit einem Sparschäler dünn abschälen, 1 davon in den geben. Den Saft der Orange auspressen, zugeben und alles **10 Sek. | Stufe 8** mixen. Dann 10 Min. ziehen lassen.

2 Eiswürfel auf 4 Gläser verteilen und die Gin-Mischung durch ein feines Sieb auf die Gläser aufteilen. Mit Tonicwater auffüllen und mit Orangenschale garniert servieren.

> **TIPP** Aus Orangenschale lassen sich beliebige Formen mit kleinen Keksausstechern herstellen.

TREND: BOTANICAL GIN

Schon von Seedlip gehört? Die angesagte destillierte alkoholfreie Spirituose gibt's in drei Varianten: den würzigen „Spice 94", den „Garden 108" mit Kräuternote und den spritzigen Zitrusmix „Grove 42". Die Seedlip-Destillate enthalten weder Alkohol noch Kalorien oder Zucker. Daher können sie ideal als Basis – vor allem alternativ zu Gin – für Cocktails aller Art eingesetzt werden. Je 700-ml-Glasflasche 30 Euro, www.seedlipdrinks.com

EIS CRUSHEN IM MIXTOPF

Wollt ihr Crushed Ice servieren, könnt ihr auch dieses im Thermomix® herstellen. Gebt dafür maximal 200 g Eiswürfel in den und zerkleinert diese **3–6 Sek. | Stufe 5**. So auf Gläser verteilen und mit einem Cocktail, Sirup, Saft oder Kaffee nach Belieben aufgießen.

TONKA IM GETRÄNK?

Ein besonderes Gewürz ist die Tonkabohne. Die intensiv-aromatischen Samen werden wie Muskatnuss gerieben oder gemahlen und so für das Würzen von Speisen und Getränken verwendet. Gebäck, Pudding, Milchreis, Keksen und Kuchen, Heißgetränken auf Milchbasis sowie auch Cocktails verleihen die aus Südamerika stammenden Samen ein besonderes Aroma. Es erinnert an eine Kombination aus Vanille und Marzipan. Daher ist sie speziell zur Weihnachtszeit gefragt. Ganze Bio-Tonkabohnen bekommt ihr zum Beispiel im 20-g-Päckchen für ca. 7 Euro. Mehr unter www.sonnentor.de

LAST-MINUTE-Geschenke

Gewusst, wie! Manchmal braucht's auch einfach eine raffinierte Idee. Bei diesen Blitz-Rezepten setzt ihr den Thermomix® für das „Verfeinern" gekaufter Kleinigkeiten ein – echt smart!

Spritzgebäck-Sandwiches

Die Zutaten, die wir fertig gekauft haben, sind rot markiert.

Ihr benötigt:

FÜR 12 DOPPELDECKER

* 250 g weiche Butter, in Stücken
* 40 g Puderzucker
* 60 g Rübensirup
* Bittermandel- oder Rumaroma nach Belieben
* Lebensmittelfarben (rot, grün)
* 1 Packung Spritzgebäck (24 Kekse)

So geht's:

FÜR DIE BUTTERCREME

Butter, Puderzucker, Rübensirup sowie nach Belieben Aroma in den Mixtopf geben und **2 Min. | Stufe 3** cremig rühren. Die Creme dritteln. Ein Drittel weiß lassen, die beiden anderen Drittel rosa bzw. hellgrün einfärben. Die Cremes jeweils in einen Spritzbeutel mit Lochtülle geben. Je ca. 4 Kekse mit 1 großen Tupfen weißer, rosa und hellgrüner Buttercreme versehen und die übrigen Kekse auflegen. Zum Verschenken die Doppeldecker-Kekse vorsichtig in eine Schachtel mit Backpapier legen. Fertig.

Heiße Gewürzschokolade am Stiel

Ihr benötigt:

FÜR 6 SCHOKOLADEN AM STIEL

- **250 g Zartbitterkuvertüre, in Stücken**
- **1 EL brauner Zucker**
- **1 EL Kakaopulver**
- **1 TL Lebkuchengewürz (Seite 48)**
- **1 EL weiße Schokoladenperlen**
- **6 Zuckerstangen**

AUSSERDEM:

- **Eiswürfelbehälter, „ZauberCups" oder andere Silikonformen**

So geht's:

FÜR DIE GEWÜRZSCHOKOLADE

Kuvertüre im **8 Sek. | Stufe 8** grob hacken, mit dem nach unten schieben und **4 Min. | 50 °C | Stufe 2** schmelzen. Zucker, Kakaopulver und Lebkuchengewürz **30 Sek. | Stufe 3** einrühren. Zum Schluss weiße Schokoladenperlen mit dem unterheben und die Masse in kleine Förmchen, z. B. Eiswürfelformen, „ZauberCups" oder andere Silikonformen, verteilen. Je 1 Zuckerstange hineinstellen und die Schokolade aushärten lassen. Anschließend aus der Form lösen und hübsch verpackt verschenken oder direkt genießen.

>VERWENDUNG Je 1 Schokolade am Stiel in ca. 200 g heiße Milch geben und rühren, bis die Schokolade sich aufgelöst hat. Nach Belieben Mini-Marshmallows mit in die heiße Schokolade geben.

Fotos: StockFood/News Life Media (2), iStock/Getty Images Plus/tomograf (1)

Chili-Karamell-Popcorn & Gewürz-Nussmix

Ihr benötigt:

FÜR 8 PORTIONEN POPCORN

- 100 g harte Karamellbonbons
- 1 Chilischote, halbiert und entkernt
- 100 g Butter, in Stücken
- 100 g Popcorn

FÜR 8 PORTIONEN NUSSMIX

- 20 g Butter
- 2 EL Balsamico-Essig
- 2 TL edelsüßes Paprikapulver
- 1 TL gemahlener Kreuzkümmel
- ½ TL Meersalz
- 100 g Mini-Salzbrezeln
- 120 g Cashews
- 60 g Erdnüsse

So geht's:

FÜR DAS KARAMELLPOPCORN

Karamellbonbons und Chili im **4 Sek. | Stufe 10** fein hacken. Mit dem nach unten schieben. Butter zugeben und **8 Min. | 90 °C | Stufe 2** schmelzen. Über das Popcorn geben und vorsichtig mit dem vermengen. Das Popcorn auf einem mit Backpapier belegten Backblech verteilen und fest werden lassen.
Vor dem Servieren in Stücke brechen. Backpapierbögen könnt ihr zu Spitztüten aufrollen, fixieren und darin die kleinen Portionen einfach schick verpackt verschenken oder servieren.

FÜR DEN GEWÜRZ-NUSSMIX

Backofen auf 180 °C Ober-/Unterhitze vorheizen und ein Blech mit Backpapier belegen. Butter **1 Min. | 60 °C | Stufe 1** schmelzen. Balsamico-Essig, Paprikapulver, Kreuzkümmel sowie Meersalz zugeben und **3 Min. | 98 °C | Stufe 1** köcheln lassen. In einer Schüssel mit Brezeln und Nüssen gut vermischen. Auf dem Backblech verteilen und im heißen Ofen ca. 10 Min. backen, dabei mehrmals wenden.

Marshmallow-Dippers

Ihr benötigt:

FÜR 20 STÜCK

- ★ 50 g geröstete Pistazien
- ★ 2 Zuckerstangen
- ★ 120 g Zartbitterkuvertüre, in Stücken
- ★ 20 g Sahne
- ★ **20 Marshmallows**

So geht's:

FÜR GLASUR UND STREUSEL

Pistazien in den geben, **4 Sek. | Stufe 6** hacken und umfüllen. Zuckerstangen in den geben, **10 Sek. | Stufe 8** hacken und ebenfalls umfüllen. Die Kuvertüre **5 Sek. | Stufe 8** zerkleinern und mit dem nach unten schieben. Sahne zugeben und **5 Min. | 50°C | Stufe 2** schmelzen. Die Marshmallows jeweils zu einem Drittel in die Kuvertüre tauchen, etwas abtropfen lassen und auf Backpapier legen. Mit Pistazien oder mit Zuckerstangenbröseln bestreuen und auskühlen lassen.

Glasuren sind immer eine tolle „Geheimwaffe" für Last-Minute-Geschenke. Im Thermomix® sind Schokoladenreste rasant geschmolzen, um damit – wie hier – Marshmallows aber auch Kekse oder Salzbrezeln zu veredeln.

Doppelt gut

Wir sind verliebt in diese süßen Sandwich-Kekse! Eine cremige Füllung, umgeben von zwei soften Küchlein – „Whoopie Pies" sind einfach unwiderstehlich und mit dem Thermomix® ganz easy zubereitet! Probiert es gleich mal aus!

EASY

Banana-Bread-Whoopies mit Pekannüssen

Rezept auf Seite 128

PORTIONIEREN

Um den Teig für die Ober- und Unterseiten der Whoopies gleichmäßig aufs Blech zu setzen, könnt ihr statt Teelöffeln einen Eisportionierer verwenden. Das geht besonders einfach!

Fluffige Leckerbissen

Schoko-Whoopies mit Marshmallowcreme

00 45 std : min

PRO PORTION: 308 KCAL | 4 G E | 12 G F | 45 G KH

ZUTATEN FÜR 10 STÜCK

- ★ 70 g Zartbitterkuvertüre, in Stücken
- ★ 120 g Butter, in Stücken
- ★ 180 g Zucker
- ★ 1 Ei
- ★ 250 g Weizenmehl Type 405
- ★ 1 TL Backpulver
- ★ 80 g Milch
- ★ 150 g Marshmallow-Creme (Marshmallow-Fluff, siehe auch Seite 129)
- ★ 100 g Crème fraîche

1 Den Backofen auf 180 °C Ober-/Unterhitze vorheizen. Kuvertüre im [Mixtopf] **5 Sek. | Stufe 8** zerkleinern, mit dem [Spatel] nach unten schieben und **3 Min. | 50 °C | Stufe 2** schmelzen und umfüllen.

2 Butter mit Zucker **2 Min. | Stufe 3** schaumig schlagen. Die flüssige Schokolade, Ei, Mehl, Backpulver sowie Milch zugeben und **30 Sek. | Stufe 4** gut verrühren.

3 Mithilfe eines Esslöffels kleine Kleckse (ca. 2,5 cm Ø) auf ein mit Backpapier belegtes Backblech setzen und diese anschließend ca. 11 Min. backen. Herausnehmen und auskühlen lassen. Den [Mixtopf] spülen.

4 Die Marshmallow-Creme mit Crème fraîche **30 Sek. | Stufe 4** aufschlagen und je 2 Whoopie-Kekse mit 1 TL der Masse füllen.

Fotos: StockFood/Gräfe & Unzer Verlag/Jörn Rynio (2)

Crunchy & creamy

Peanutbutter-Whoopies

00 45
std : min

LOW CARB LOW FAT

PRO STÜCK: 335 KCAL | 7 G E | 19 G F | 32 G KH

ZZGL. 30 MIN. RUHEZEIT

ZUTATEN FÜR 15 STÜCK

- 50 g Zartbitterschokolade, in Stücken
- 100 g weiche Butter, in Stücken
- 180 g Puderzucker
- 1 Ei
- 100 g Milch
- 160 g Weizenmehl Type 405
- 3 EL Kakaopulver
- 1½ TL Backpulver
- 200 g Frischkäse
- 100 g Erdnussbutter
- 40 g gesalzene Erdnüsse
- 100 g Zartbitterkuvertüre, in Stücken

1 Den Backofen auf 180 °C Ober-/Unterhitze vorheizen. 2 Backbleche mit Backpapier auslegen. Für den Teig die Schokolade im 5 **Sek.** | **Stufe 8** fein hacken und umfüllen. Die Butter mit 100 g Puderzucker **2 Min.** | **Stufe 3** cremig rühren. Mit dem Ei, Milch, Schokolade, Mehl, Kakao und Backpulver **30 Sek.** | **Stufe 4** vermengen.

2 Vom Teig kleine Portionen abnehmen und ca. 30 kleine Häufchen auf das Backpapier setzen. Ca. 15 Min. backen, herausnehmen und auskühlen lassen. Den spülen.

3 Für die Füllung den Frischkäse mit dem restlichen Puderzucker und Erdnussbutter **15 Sek.** | **Stufe 3** cremig rühren. Die Creme in einen Spritzbeutel mit Lochtülle füllen und auf jeweils eine Hälfte der Whoopies geben. Die übrigen Hälften auflegen und leicht andrücken. Den spülen.

4 Erdnüsse **3 Sek.** | **Stufe 5** hacken und umfüllen. Die Kuvertüre **5 Sek.** | **Stufe 8** hacken, mit dem nach unten schieben. Nun **3 Min.** | **50°C** | **Stufe 2** schmelzen und umfüllen. Die Whoopies mit der geschmolzenen Kuvertüre verzieren und mit gehackten Nüssen bestreuen. Trocknen lassen und vor dem Servieren mind. 30 Min. kalt stellen.

MINIATUREN

Ihr habt eine Lieblingstorte? Backt doch einen Whoopie-Pie mit den Aromen ihrer Schichten! Wie wär's mit Schwarzwälder-Kirsch-, Sacher- oder auch Rüblitorten-Whoopies?

EASY

Frankfurter-Kranz-Whoopies

Rezept auf Seite 128

Banana-Bread-Whoopies mit Pekannüssen

01 00 std : min

PRO STÜCK: 183 KCAL | 3 G E | 9 G F | 23 G KH

ZUTATEN FÜR 20 STÜCK

- ★ 75 g Pekannüsse zzgl. 20 Hälften zum Garnieren
- ★ 100 g Butter, in Stücken
- ★ 1 Ei
- ★ 120 g brauner Zucker
- ★ 75 g Milch
- ★ 1 weiche Banane, in Stücken
- ★ 250 g Weizenmehl Type 405
- ★ 1 TL Backpulver
- ★ 150 g Karamellcreme
- ★ 200 g Frischkäse

1 | Den Ofen auf 180 °C Ober-/Unterhitze vorheizen. 75 g Pekannüsse im Mixtopf **12 Sek.** | **Stufe 7** mahlen und umfüllen. Butter einwiegen und **2 Min.** | **60 °C** | **Stufe 1** schmelzen. Ei, Zucker, Milch, Banane, gemahlene Pekannüsse, Mehl und Backpulver zugeben, **30 Sek.** | **Stufe 4** vermengen.

2 | Vom Teig kleine Portionen abnehmen und auf ein mit Backpapier belegtes Backblech ca. 40 kleine Häufchen setzen. Ca. 15 Min. backen, herausnehmen und auskühlen lassen. Den Mixtopf spülen.

3 | Für die Füllung Karamellcreme und Frischkäse **1 Min.** | **Stufe 3** cremig rühren. In einen Spritzbeutel mit glatter Tülle füllen und jeweils auf die Unterseite eines Plätzchens spritzen. Ein zweites Plätzchen daraufsetzen, mit 1 Klecks Creme garnieren und jeweils 1 Pekannusshälfte daraufdrücken.

FUN FÜR KIDS

Ihr könnt die vielen Whoopie-Bestandteile und mehr Deko auf den Tisch stellen und jeder stellt sich selbst seinen Whoopie nach Belieben zusammen Dann werden sie schön bunt!

Frankfurter-Kranz-Whoopies

00 50 std : min

PRO PORTION: 490 KCAL | 4 G E | 20 G F | 51 G KH

ZZGL. 1 STD. RUHEZEIT

ZUTATEN FÜR 12 STÜCK

- ★ 50 g Mandeln
- ★ 40 g Haselnüsse
- ★ 270 g weiche Butter, in Stücken
- ★ 120 g Zucker
- ★ 1 Ei
- ★ 250 g Weizenmehl Type 405
- ★ 1 TL Backpulver
- ★ 120 g Milch
- ★ 100 g Frischkäse
- ★ 250 g Puderzucker
- ★ 160 g Kirschgelee
- ★ 12 Cocktailkirschen

1 | Den Backofen auf 180 °C Ober-/Unterhitze vorheizen. Mandeln in den Mixtopf einwiegen, **12 Sek.** | **Stufe 7** mahlen und umfüllen. Haselnüsse **3 Sek.** | **Stufe 5** zerkleinern und umfüllen. 120 g Butter mit Zucker **2 Min.** | **Stufe 3** schaumig schlagen. Ei, Mehl, Backpulver, Milch sowie Mandeln zugeben und **30 Sek.** | **Stufe 4** zu einem glatten Rührteig verarbeiten.

2 | Vom Teig mithilfe von 2 Teelöffeln kleine Portionen abnehmen und auf ein mit Backpapier belegtes Backblech 24 Häufchen setzen. Im vorgeheizten Ofen ca. 15 Min. backen, herausnehmen und auskühlen lassen. Den Mixtopf spülen.

3 | Für die Creme die restliche Butter, den Frischkäse und den Puderzucker in den Mixtopf geben, **1 Min.** | **Stufe 3,5** verrühren. In einen Spritzbeutel mit runder Tülle füllen und 1 Std. kalt stellen.

4 | Die Hälfte der ausgekühlten Whoopie-Kekse mit Kirschgelee bestreichen. Etwa die Hälfte der Buttercreme darauf verteilen und die restlichen Kekse daraufsetzen. Die Whoopies auf der Oberseite dünn mit Buttercreme bestreichen und mit dem Haselnussstücken bestreuen. Mit jeweils 1 Tupfer der restlichen Creme und mit Cocktailkirschen toppen. Bis zum Servieren kühl stellen.

> **TIPP** Die unterschiedlichen Füllungen und Cremes lassen sich mit dem Calotti® nahezu restlos herausheben. Der Spatel mit Kelle wird auf das Mixmesser aufgesetzt und die Kelle direkt zwischen die Messer- zwischenräume geführt. So gleitet er an Boden und Rand des Mixtopf entlang. Ihr findet das praktische Zubehör für 19,95 Euro unter www.zaubertopf-shop.de – jetzt übrigens auch in Pink!

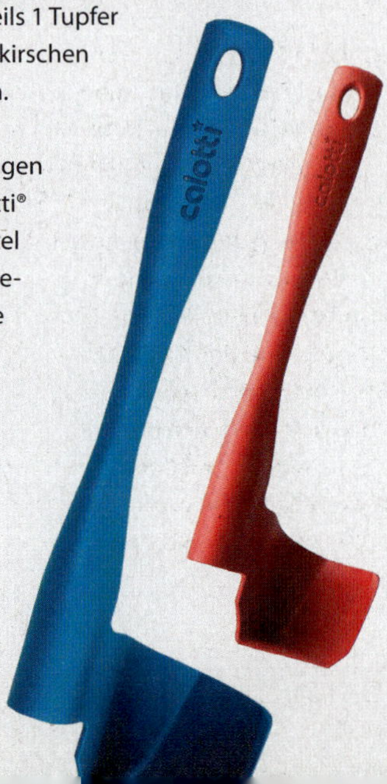

Fotos: Archiv (1), Lékué (1); Dr. Oetker (1); Villeroy & Boch (1); iStock / Getty Images Plus / bhofack2 (1)

WHOOPIE-WELT

VIELFALT

Unsere Tipps zum Backen und Verzieren der kleinen Doppeldecker sowie auch anderer Geschenke aus dem Thermomix®

CREMIGES FROSTING

Ein luftiges Frosting, das zu allen vier Whoopies passt, könnt ihr mit nur drei Zutaten herstellen. 200 g weiche Butter in Stücken und 200 g Puderzucker im **3 Min. | Stufe 4** schaumig schlagen. 400 g Doppelrahm-Frischkäse zugeben, **10 Sek. | Stufe 4** unterheben. Ihr könnt das Frosting für unterschiedliche Füllungen portionsweise mit gehackten Nüssen, Streuseln, Fruchtstücken verrühren!

DROP IT!

Das ideale Werkzeug für sauber gesetzte Teigtupfen und Dekore – der „Decomax" von Lékué nimmt Teige, Füllungen und Frostings über die große Dosieröffnung auf. Nun könnt ihr mit dem soften Silikonballon Plätzchen aufs Blech setzen oder anschließend mit Cremes & Co. verzieren. Die 6 mitgelieferten Tüllen werden einfach aufgeschraubt und schon geht's los! Ca. 25 Euro, zum Beispiel unter www.onekitchen.com

FRISCHE BEWAHREN

Die Whoopies halten am besten in einem luftdicht verschlossenen Gefäß. Stellt dieses zudem in den Kühlschrank, damit die Creme schön fest bleibt. Unser jüngster Fund: die Lunchboxen der Serie „To Go & To Stay" von Villeroy & Boch, ab ca. 20 Euro.

EDLE VERPACKUNG

Möchtet ihr die Whoopies wie kleine Pralinen verschenken, dann am besten noch am selben Tag. Legt dafür beispielsweise ein oder zwei in die schicken 13 × 10 cm großen Porzellandöschen von Villeroy & Boch (www.villeroy-boch.com), die der Beschenkte weiterverwenden kann.

WHOOPIES ZU JEDER JAHRESZEIT

Wer sagt denn, dass die kleinen Doppeldecker nur in der Winterzeit schmecken? Kombiniert mit anderen Aromen sind sie auch im Frühling, Sommer und Herbst eine überraschende Leckerei. Als Toppings eignen sich zum Beispiel Lemon- oder Rhabarber-Curd, Himbeer-Quark-Creme oder Amaretto-Mascarpone. In die Teige könnt ihr Zitronenzesten, Instant-Espressopulver oder Schokostücke einrühren.

ALLZWECK-TOOL

Ein kleines Winkel-Palettenmesser ist in der Backstube unverzichtbar. Kleine Gebäcke wie die fertigen Whoopie-Hälften lassen sich vorsichtig anheben. Cremetoppings gut verstreichen. Die „Modern Baking"-Winkelpalette im Retro-Design mit Holzgriff von Dr. Oekter gibt's für ca. 6 Euro zum Beispiel unter www.fackelmann.de

Basis REZEPT

MARSHMALLOW-FLUFF

250 g Zucker, 1 TL Stärke, Mark von ½ Vanilleschote und die Schote mit 200 g Wasser im **20 Min. | 100 °C | Stufe 1** kochen. Schote vorsichtig entnehmen, den Sirup umfüllen. säubern. Rühraufsatz einsetzen. 3 Eiweiße, 1 Prise Salz und ½ TL Backpulver in den geben, **8 Min. | 37 °C | Stufe 4** steif schlagen. Nach der Hälfte der Zeit den Sirup vorsichtig durch die Deckelöffnung geben. Bis zum Ende der Garzeit den Messbecher einsetzen. Anschließend den Marshmallow-Fluff direkt verbrauchen oder in Schraubgläser füllen und in wenigen Tagen aufbrauchen.

Unsere Geschenkideen

ZAUBERTOPF-SHOP

Im großen ZauberTopf-Shop findet ihr Back- und Kochhelfer, die speziell für den Thermomix® empfohlen sind, sowie vieles mehr, worüber sich die Liebsten zu Weihnachten freuen!

ZAUBERCUPS

Die Silikonförmchen mit 100-ml-Füllmenge könnt ihr zum Backen, Dampfgaren, Kühlen und Gefrieren verwenden – Rezeptideen findet ihr ab Seite 62.

19,95 €

ZAUBERCARD

Mit der robusten Teigkarte könnt ihr Teige bearbeiten, zerteilen und auch aus dem Mixtopf lösen – die schmale Seite passt genau zwischen die Mixmesser!

4,35 €

WUNDERSLIDER

Unsichtbar und effektiv: Auf Teflongleitern gleitet der Thermomix® mühelos. Der Slider ist in Sekunden festgesteckt. Der Thermomix® bleibt auf seinen eigenen Füßen stehen.

19,95 €

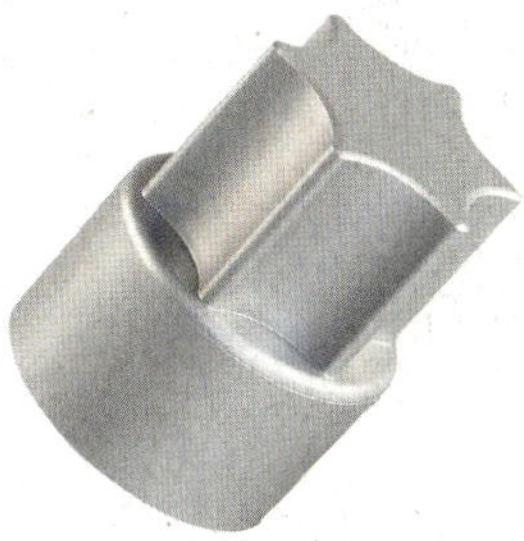

TEIGTWISTER®

Mixtopf umdrehen, Teigtwister auf die Rückseite des Messers setzen und hin- und herdrehen. Hefe- und Knetteige falle direkt aus dem Topf!

Ab **12,95 €**

"Sehr zu empfehlen"

Bewertung eines Trusted-Shop-Nutzers

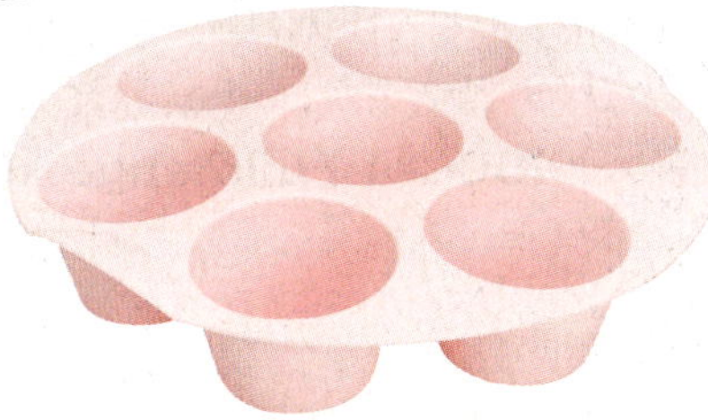

SILIKON-MUFFINFORM

Die perfekte Form für den Varoma®. Zum Dampfgaren, Backen und Einfrieren von bis zu 7 Portionen.

12,85 €

SILIKON-DECKEL

Der Hefeteig soll im Mixtopf gehen? Ein Teig über Nacht im Kühlschrank ruhen? Der Silikon-Deckel verschließt den Topf luft- & aromadicht.

11,95 €

SILIKON-SPATEL

Ob feste Teige, flüssige Massen wie Glasuren oder Smoothies oder auch Cremes wie Frosting oder Sahne – die Spatel entnehmen alle Lebensmittel nahezu restlos aus dem Mixtopf.

Ab **12,95 €**

Foto: GettyImages.de/E+/alvarez (1) | Illustrationen: Archiv

Jetzt bestellen unter: www.zaubertopf-shop.de

DIE BESTSELLER

Die beliebtesten und meistgekauften Zubehöre
sowie Produkte für die Küche machen Mix-Fans glücklich!

Auch im Spar-Set

BROTBACKMISCHUNGEN

Einfach, gelingsicher, lecker. Für die schnelle Zubereitung im Thermomix®. Je 1.000 g für 2 Laibe Brot.

Je Sorte **5,95 €**

MAXISTEAM®

Der Ringaufsatz erhöht das Volumen des Varoma®. Tipp: Mit zwei „Wundersteam®" (je 12,95 Euro) kombinieren!

24,95 €

SILIKON-AUFLAUFFORM & AUFLAUFFORM-HÄLFTEN

Passgenau und tropfsicher – ideal für den Einlegeboden des Varoma®.

Ab **14,95 €**

"Perfektes Produkt"
Bewertung eines Trusted-Shop-Nutzers

WUNDERCAP®

Ersetzt das Mixmesser und vergrößert so den Garraum im Mixtopf. Gargut wird nicht mehr zerkleinert!

24,90 €

GESCHENKGUTSCHEIN

Freude verschenken – mit einem Einkaufsguthaben für den ZauberTopf-Shop!

Ab **25 €**

Jetzt bestellen unter: www.zaubertopf-shop.de

Noch mehr

MIX-REZEPTE

KÜCHENKALENDER
8,99 €

WOCHENKALENDER
16,90 €

NEUE WANDKALENDER

Die können sich sehen lassen! Jedes Kalenderblatt mit einem neuen Rezept! Inspirierende Hochglanz-Fotografien auf Premiumpapier und stabiler Öse zum Aufhängen.

Neuheit

MEIN ZAUBERTOPF MIXT – BUCHREIHE

Bereits erschienen: Basis-Kochbuch | Einfach selbst gemixt | All-in-One-Rezepte | Leichte Küche – Low-Carb-Rezepte

Je **29,90 €**

DAS BASIS-BACKBUCH

Backen mit dem Thermomix® macht Spaß! Holt euch die wichtigsten Grundteige, Basisrezepte für Toppings, Glasuren und mehr sowie Backrezepte für das ganze Jahr!

29,90 €

Fotos: Archiv

Jetzt bestellen unter: www.zaubertopf-shop.de

ZEIT FÜR Glühwein

Statt im Becher servieren wir Glühwein diesen Winter als Aromengeber in Crumble, Kompott und als Guss auf kleinen Punschmuffins sowie als würzigen Glühsecco

Macht's euch gemütlich!

EASY

Glühwein-Crumble
Rezept auf Seite 138

Fotos: www.Stockfood.de/Immediate Media/Good Food (1); iStock/Getty Images Plus/nerudol (1) | Illustrationen: iStock/Getty Images Plus/dimonspace (1)

Auf unserem Blog gibt's weitere Ideen!
WWW.ZAUBERTOPF.DE/REZEPTE

Vanilleparfait mit Glühweinkompott

00 45 std : min

LOW CARB LOW FAT

PRO PORTION: 561 KCAL | 9 G E | 34 G F | 50 G KH

ZZGL. 8 STD. KÜHLZEIT

ZUTATEN FÜR 6 PERSONEN

- **100 g Puderzucker**
- **1 Prise Salz**
- **4 Eigelb**
- **Mark von 1 Vanilleschote**
- **400 g Sahne**
- **450 g Pflaumen (Glas), abgetropft**
- **300 g Glühwein**
- **50 g Zucker**
- **1 EL Stärke**
- **1½ EL Wasser**
- **1 TL gemahlener Zimt**

AUSSERDEM

- **rechteckige Form (ca. 20 × 7 cm Länge)**

1 Form mit Frischhaltefolie auslegen. Rühraufsatz einsetzen. Puderzucker, Salz, Eigelbe und Vanillemark in den Topf geben, **4 Min. | 70 °C | Stufe 3** aufschlagen. Rühraufsatz entfernen. Eigelbmischung umfüllen, in eine Schüssel mit Eiswasser stellen und vollständig abkühlen lassen. Topf und Rühraufsatz spülen.

2 Den Rühraufsatz wieder einsetzen. Sahne in den kalten Topf geben und ohne Zeiteinstellung **Stufe 3,5** bis zur gewünschten Festigkeit steif schlagen. Den Rühraufsatz entfernen.

3 Abgekühlte Eigelbmischung zugeben, mithilfe des Spatels **15 Sek. | Stufe 3** untermischen. Masse in die vorbereitete Form geben, mit Frischhaltefolie abdecken und mind. 8 Std. tiefkühlen. Den Topf spülen.

4 Pflaumen, Glühwein sowie Zucker in den Topf geben und **15 Min. | 95 °C | Stufe 2** kochen. Stärke mit Wasser glatt rühren, in den Topf geben und **2 Min. | 90 °C | Stufe 2** verrühren.

5 Das Parfait etwa 15 Min. vor dem Servieren aus dem Gefrierschrank nehmen, etwas antauen lassen und auf ein Brett stürzen. In Scheiben geschnitten mit Zimt bestreuen und mit dem Fruchtkompott servieren.

> TIPP Ihr könnt Parfait und Kompott auch jeweils separat zubereiten. Das Kompott schmeckt wunderbar zu heißen Waffeln, auf einer Portion Vanilleeis oder in einem weihnachtlichen Schichtdessert kombiniert mit Mascarpone oder Quark und getoppt mit den Streuseln es Glühwein-Crumbles (Rezept auf Seite 138).

Punschmuffins mit Glühweinguss

Rezept auf Seite 138

Glühwein im Thermomix®

Glühwein kochen

1 Sternanis, 4 Gewürznelken, 1 Zimtstange und 2 Kardamomkapseln in ein Gewürzsäckchen geben und gut verschließen. 1 l trockenen Rotwein mit 50 g Kandiszucker in den geben. 1 Bio-Orange in Scheiben, den Saft von 1 Orange und das Gewürzsäckchen zugeben und **10 Min. | 100 °C | |** erhitzen, dann **15 Min. | 80 °C | |** ziehen lassen. Das Gewürzsäckchen entfernen und den Glühwein mit braunem Zucker oder Kandis abschmecken.

Glühwein erwärmen und warm halten

Mit dem TM6 und TM5® könnt ihr das Automatikprogramm „Erwärmen" verwenden, um Punsch & Co. auf Temperatur zu bringen. Ansonsten gilt: **10 Min. | 80 °C |** um ein Getränk zu erwärmen. Zum längeren Warmhalten die **gewünschte Dauer einstellen | 80 °C |** .

Tee- und Gewürzfilter

Ein praktischer Helfer für die Zubereitung von Heißgetränken mit losen Zutaten ist der speziell für den Thermomix® entwickelte Teefilter (15,95 Euro, www.zaubertopf-shop.de). Er wird direkt in die Deckelöffnung eingehängt. Jetzt nur noch Wasser, Saft oder Glühwein auffüllen und erwärmen. Die losen Zutaten oder Teebeutel könnt ihr so nach der Ziehzeit mit einem Handgriff entnehmen und spart euch das Gewürzsäckchen.

Glühwein-Crumble

01 00 std : min

LOW CARB LOW FAT

PRO PORTION: 531 KCAL | 6 G E | 30 G F | 52 G KH

ZUTATEN FÜR 4 PERSONEN

- ★ **1 Zimtstange**
- ★ **2 Kardamomkapseln**
- ★ **2 Gewürznelken**
- ★ **75 g Johannisbeersaft**
- ★ **75 g Rotwein**
- ★ **20 g brauner Zucker**
- ★ **3 Äpfel, in Stücken**
- ★ **60 g Cranberrys**
- ★ **50 g Haselnüsse**
- ★ **50 g Mandeln**
- ★ **50 g Weizenmehl Type 405**
- ★ **75 g Butter, in Stücken**
- ★ **75 g Zucker**

AUSSERDEM
- ★ **Auflaufform**

1 Zimt, Kardamom sowie Gewürznelken in den geben und **10 Sek. | Stufe 10** pulverisieren. Johannisbeersaft mit Rotwein und braunem Zucker zufügen, **5 Min. | 100 °C | Stufe 1** aufkochen. Äpfel und Cranberrys zugeben und weitere **10 Min. | 98 °C| Stufe 1** köcheln lassen. In eine Auflaufform füllen und abkühlen lassen. Den spülen.

2 Den Ofen auf 180 °C Ober-/Unterhitze vorheizen. Für die Streusel Haselnüsse und Mandeln einwiegen, **10 Sek. | Stufe 8** mahlen. Mehl, Butter sowie Zucker zufügen und **20 Sek. | Stufe 5** vermengen. Über die Früchte streuen und den Crumble im Ofen ca. 35 Min. goldbraun backen.

>TIPP Die Nuss-Streusel des Crumbles sind in nur einer Minute fertig. Ihr könnt sie daher auch jederzeit für andere Crumbles zubereiten, sie vor dem Backen auf Rührteigkuchen streuen oder sogar direkt auf ein Blech mit Backpapier geben und 20 Min. bei 180 °C Ober-/Unterhitze knusprig backen. So könnt ihr sie als crunchy Komponente auf Schichtdesserts, Eis oder auch Parfait geben.

Punschmuffins mit Glühweinguss

00 35 std : min

LOW CARB LOW FAT

PRO STÜCK: 246 KCAL | 4 G E | 11 G F | 32 G KH

ZUTATEN FÜR 12 STÜCK

- ★ **100 g Mandeln**
- ★ **80 g weiche Butter, in Stücken**
- ★ **80 g Zucker**
- ★ **1 EL selbst gemachter Vanillezucker**
- ★ **1 Ei**
- ★ **50 g Milch**
- ★ **200 g Glühwein zzgl. 1 EL für den Guss**
- ★ **Saft und Abrieb von 1 unbehandelten Orange**
- ★ **150 g Weizenmehl Type 405**
- ★ **2 TL Backpulver**
- ★ **1¼ TL gemahlener Zimt**
- ★ **½ TL gemahlener Kardamom**
- ★ **1 Prise frisch geriebene Muskatnuss**
- ★ **125 g Puderzucker**

AUSSERDEM
- ★ **12er Muffinblech**

1 Den Backofen auf 200 °C Ober-/Unterhitze vorheizen. Muffinblech mit Papierförmchen auslegen. Die Mandeln im **12 Sek. | Stufe 7** mahlen und umfüllen.

2 Butter, Zucker sowie Vanillezucker in den geben und **2 Min. | Stufe 3** aufschlagen.

3 Ei, Milch, Glühwein sowie Orangenschale zufügen, **10 Sek. | Stufe 4** vermengen. Mehl, gemahlene Mandeln, Backpulver, 1 TL Zimt, Kardamom und Muskat zugeben, alles **30 Sek. | Stufe 4** zu einem glatten Teig verarbeiten.

4 Teig in die Mulden füllen und etwa 20 Min. backen. Muffins aus der Form nehmen und auf einem Kuchenrost etwas abkühlen lassen.

5 Puderzucker mit 1 EL Glühwein, 1 EL Orangensaft und ¼ TL Zimt verrühren. Guss über Muffins geben, aushärten lassen und servieren.

>TIPP Solltet ihr die kleinen Muffins für Kinder zubereiten wollen, ersetzt den Glühwein im Teig sowie im Guss durch Kinderpunsch, Apfel-, Kirsch- oder Orangensaft.

Glühsecco

00 : 20 std : min

LOW CARB | LOW FAT

PRO GLAS: 128 KCAL | 1 G E | 0 G F | 10 G KH

ZZGL. 2 STD. RUHEZEIT

ZUTATEN FÜR 4 GLÄSER À 125 ML

- **8 Gewürznelken**
- **½ TL frisch geriebene Muskatnuss**
- **6 Sternanise**
- **3 Kardamomkapseln**
- **1 Zimtstange**
- **2 Pimentkörner**
- **200 g Weißwein**
- **1 Vanilleschote**
- **2 EL Honig**
- **300 g Prosecco, gekühlt**
- **½ Orange, in Scheiben**

1 | Alle Gewürze in den Mixtopf geben und **45 Sek. | Stufe 10** mahlen. Das Glühweingewürz in einen Teefilter füllen.

2 | Weißwein, Vanilleschote, den Teefilter sowie Honig in den Mixtopf geben und **14 Min. | 80 °C | Linkslauf | Sanftrührstufe** erhitzen. Gewürzbeutel sowie Vanilleschote entfernen und etwa 2 Std. auskühlen lassen.

3 | Den Gewürzwein mit gekühltem Prosecco aufgießen und mit je 1 Orangenscheibe servieren.

>TIPP Den würzigen Weißwein könnt ihr wunderbar vorbereiten und bis zu 2 Wochen im Kühlschrank lagern. Wer keine Teefilter hat, kann die Gewürze **10 Sek. | Stufe 10** zerkleinern, im Mixtopf lassen und den Gewürzwein dann durch ein feines Sieb abgießen.

WEISSER GLÜHWEIN

In unserer YouTube-Folge „Fruchtiger Apfel-Glühwein" zeigen wir euch, wie ihr dieses Jahr einen weißen Glühwein mixen könnt. Zum Video geht's direkt mit dem QR-Code oder unter www.zaubertopf.de/youtube.

Scan mich

Fotos: Archiv (1); Anna Gieseler (1)

Klassiker & Trends

Dieses Jahr backen wir natürlich unsere liebsten Klassiker wie Zimtsterne und Spritzgebäck, zeigen aber auch, wie ihr sie mit ein paar Zutaten in überraschende Neukreationen verwandelt!

Hier werden
Linzer Plätzchen
gebacken – mehr dazu
auf Seite 145 ...

Stefanie

Ohne meine Lieblingsplätzchen kommt auch kein Weihnachtsgefühl auf. Die Klassiker gibt's also garantiert. Aber ich bin immer für Experimente zu haben – im Mixtopf ist schnell noch eine Zutat zugefügt oder ausgetauscht. So macht Backen Spaß!

Lebkuchen-Marzipan-Stangen mit Kirsche

01 00 std : min

LOW CARB LOW FAT

PRO STÜCK: 153 KCAL | 2 G E | 7 G F | 18 G KH

ZZGL. 24 STD. RUHEZEIT

ZUTATEN FÜR 40 STÜCK

- 110 g Honig
- 40 g Zucker
- 85 g weiche Butter, in Stücken
- 1 Eigelb
- Abrieb von 1 unbehandelten Orange
- 1 TL Kakaopulver
- ½ TL Lebkuchengewürz (siehe Rezept Seite 48)
- 170 g Weizenmehl Type 405 zzgl. etwas zum Bearbeiten
- ½ TL Backpulver
- 3 EL Milch
- 200 g Marzipanrohmasse, in Stücken
- 40 g Kirschwasser
- ½ TL gemahlener Zimt
- ¼ TL Vanillemark
- 200 g Kirschkonfitüre
- 400 g Zartbitterkuvertüre, in Stücken
- 50 g Vollmilchkuvertüre, in Stücken

1 Honig mit Zucker sowie 35 g Butter in den [Mixtopf] geben und **3 Min. | 70 °C | Stufe 1** erwärmen. Eigelb, Orangenabrieb, Kakaopulver, Lebkuchengewürz, Mehl und Backpulver zufügen, **15 Sek. | Stufe 4** verrühren. Zu einem Riegel formen und in Frischhaltefolie gewickelt über Nacht kühl stellen.

2 Den Backofen auf 190 °C Ober-/Unterhitze vorheizen. 2 Backbleche mit Backpapier belegen. Den Teig 2–3 mm dick ausrollen und in ca. 2,5 × 7 cm große Stangen schneiden. Auf die Bleche legen und dünn mit Milch bestreichen. Im Ofen 10 Min. backen, dann auskühlen lassen.

3 Marzipan, Rest Butter, Kirschwasser, Zimt und Vanillemark **20 Sek. | Stufe 4** miteinander verkneten. Die Masse in einen Spritzbeutel mit mittlerer Lochtülle geben und am Rand der Stangen entlang auf der Oberseite aufspritzen. Die Mitte mit glatt gerührter Konfitüre füllen und über Nacht trocknen lassen.

4 Am nächsten Tag die Zartbitterkuvertüre in den [Mixtopf] geben und **8 Sek. | Stufe 8** zerkleinern. Mit dem [Spatel] nach unten schieben und **6 Min. | 50 °C | Stufe 2** schmelzen. Die Plätzchen mit der Zartbitterkuvertüre überziehen. Den [Mixtopf] spülen.

5 Die Vollmilchkuvertüre in den [Mixtopf] geben und **5 Sek. | Stufe 8** zerkleinern. Mit dem [Spatel] nach unten schieben und **3 Min. | 50 °C | Stufe 2** schmelzen. Die Kuvertüre in feinen Linien über den Stangen verteilen und auf Backpapier fest werden lassen.

>TIPP Die Vollmilchkuvertüre könnt ihr auch über einem Wasserbad schmelzen, so spart ihr euch einen Spülgang.

>DEKOBLÄTTER Ihr könnt kandierte Minze als Deko verwenden oder Marzipan grün eingefärben und daraus kleine Blättchen formen.

Lebkuchentröpfchen mit Zwetschge

01 00 std : min

LOW CARB LOW FAT

PRO STÜCK: 110 KCAL | 1 G E | 6 G F | 12 G KH

ZZGL. 24 STD. RUHEZEIT

ZUTATEN FÜR 50 STÜCK

- 110 g Honig
- 40 g Zucker
- 85 g weiche Butter, in Stücken
- 1 Eigelb
- Abrieb von 1 unbehandelten Orange
- 1 TL Kakaopulver
- ½ TL Lebkuchengewürz (siehe Rezept Seite 48)
- 170 g Weizenmehl Type 405 zzgl. etwas mehr zum Bearbeiten
- ½ TL Backpulver
- 3 EL Milch
- 200 g Marzipanrohmasse, in Stücken
- 40 g Zwetschgenwasser
- ½ TL gemahlener Zimt
- ¼ TL Vanillemark
- 200 g Zwetschgenkonfitüre
- 400 g Vollmilchkuvertüre, in Stücken
- 50 g Zartbitterkuvertüre, in Stücken
- 1 TL Goldperlen

AUSSERDEM

- ovaler Ausstecher (5 × 3 cm)

1 Honig mit Zucker und 35 g Butter in den [Mixtopf] geben, **3 Min. | 70 °C | Stufe 1** erwärmen. Eigelb, Orangenabrieb, Kakaopulver, Lebkuchengewürz, Mehl und Backpulver zugeben, **15 Sek. | Stufe 4** verrühren. Zum Riegel formen und in Frischhaltefolie gewickelt über Nacht kühl stellen.

2 Den Backofen auf 190 °C Ober-/Unterhitze vorheizen. 2 Backbleche mit Backpapier belegen. Den Teig 2–3 mm dick ausrollen und mit einem ovalen Ausstecher ausstechen, mit einem Messer die Tropfenform schneiden. Auf die Bleche legen und dünn mit Milch bestreichen. Im Ofen 10 Min. backen, dann auskühlen lassen.

3 Marzipan, Rest Butter, Zwetschgenwasser, Zimt und Vanillemark **20 Sek. | Stufe 4** miteinander verkneten. Die Masse in einen Spritzbeutel mit mittlerer Lochtülle geben und am Rand der Plätzchen entlang auf der Oberseite aufspritzen. Die Mitte mit glatt gerührter Zwetschgenkonfitüre füllen und über Nacht trocknen lassen.

4 Am nächsten Tag die Vollmilchkuvertüre in den [Mixtopf] geben und **8 Sek. | Stufe 8** zerkleinern. Mit dem [Spatel] nach unten schieben und **6 Min. | 50 °C | Stufe 2** schmelzen. Die Plätzchen mit der Kuvertüre überziehen. Den [Mixtopf] spülen.

5 Die Zartbitterkuvertüre in den [Mixtopf] geben und **5 Sek. | Stufe 8** zerkleinern. Mit dem [Spatel] nach unten schieben und **3 Min. | 50 °C | Stufe 2** schmelzen. Die Kuvertüre in feinen Linien über den Tröpfchen verteilen und auf Backpapier fest werden lassen. Nach Belieben mit Goldperlen dekorieren.

>TIPP Etwas unkomplizierter ist die Fertigstellung natürlich mit einem kreisförmigen Ausstechförmchen. Damit stellt ihr einfach Kreise her und das Ergebnis sind edle Lebkuchentaler.

Foto: StockFood/für ZS Verlag / Julia Hoersch

Linzer Törtchen
Linzer Plätzchen

Linzer Törtchen

01 00 std : min

LOW CARB LOW FAT

PRO STÜCK: 67 KCAL | 1 G E | 3 G F | 8 G KH

ZZGL. 2 STD. RUHEZEIT

ZUTATEN FÜR 65 STÜCK

- 250 g Zucker
- 125 g Haselnüsse
- 125 g Weizenmehl Type 405 zzgl. etwas mehr zum Bearbeiten
- 125 g weiche Butter zzgl. etwas mehr zum Fetten
- 1 Eigelb
- 1 TL gemahlener Zimt
- 1 EL Rum
- Salz
- 2 TL selbst gemachter Vanillezucker
- ¼ TL Orangenabrieb
- 220 g Marzipanrohmasse, in Stücken
- 1 Eiweiß
- ¼ TL Abrieb von 1 unbehandelten Zitrone
- 100 g Johannisbeerkonfitüre
- 2 EL Zitronensaft

AUSSERDEM

- 3 Mini-Muffinbleche (24er)
- runder Keksausstecher (Ø ca. 4 cm)
- Spritzbeutel mit Sterntülle

1 | Den Zucker in den geben, **15 Sek. | Stufe 10** pulverisieren und umfüllen. Die Haselnüsse in den geben, **10 Sek. | Stufe 8** zerkleinern und mit dem nach unten schieben.

2 | 100 g Puderzucker, Mehl, Butter, Eigelb, Zimt, Rum, 1 Prise Salz, 1 TL Vanillezucker sowie Orangenabrieb zufügen und **20 Sek. | Stufe 5** zu einem glatten Teig verkneten. Zu einem Riegel formen, in Frischhaltefolie wickeln und 2 Std. kalt stellen.

3 | Den Backofen auf 170 °C Umluft vorheizen und die Mini-Muffinbleche mit Butter fetten. Den Teig auf einer leicht bemehlten Arbeitsfläche ca. 4 mm dick ausrollen, ca. 65 Kreise ausstechen und in die Muffinformen legen.

4 | Für die Marzipanmasse Marzipan, 50 g Puderzucker, Eiweiß, Rest Vanillezucker sowie Zitronenabrieb in den geben und **20 Sek. | Stufe 4** miteinander vermengen. Mit einem Spritzbeutel mit mittlerer Sterntülle je einen Marzipanring auf die Teigkreise spritzen.

5 | Die Konfitüre glatt rühren und in die Mitte der Linzer Törtchen geben. Im Ofen für 15 Min. backen. Anschließend auskühlen lassen und vorsichtig aus den Vertiefungen nehmen.

6 | Übrigen Puderzucker mit Zitronensaft glatt rühren, die Törtchen damit bestreichen und den Guss vor dem Servieren fest werden lassen.

Linzer Plätzchen

01 00 std : min

LOW CARB LOW FAT

PRO STÜCK: 54 KCAL | 1 G E | 3 G F | 7 G KH

ZZGL. 2 STD. RUHEZEIT

ZUTATEN FÜR 65 STÜCK

- 300 g Zucker
- 125 g Haselnüsse
- 125 g Weizenmehl Type 405 zzgl. etwas mehr zum Bearbeiten
- 125 g weiche Butter, in Stücken
- 1 Eigelb
- 1 TL gemahlener Zimt
- 1 EL Rum
- Salz
- 1 TL selbst gemachter Vanillezucker
- ¼ TL Orangenabrieb
- 150 g Johannisbeerkonfitüre

AUSSERDEM

- runder Keksausstecher mit Wellenrand (Ø ca. 3,5 cm)

1 | 150 g Zucker in den geben, **10 Sek. | Stufe 10** pulverisieren und umfüllen. Die Haselnüsse in den geben, **10 Sek. | Stufe 8** zerkleinern und mit dem nach unten schieben.

2 | 100 g Puderzucker, Mehl, Butter, Eigelb, Zimt, Rum, 1 Prise Salz, Vanillezucker sowie Orangenabrieb zugeben und **20 Sek. | Stufe 5** zu einem glatten Teig verkneten. Zu einem Riegel formen, in Frischhaltefolie wickeln und 2 Std. kalt stellen.

3 | Den Backofen auf 170 °C Umluft vorheizen. 2 Backbleche mit Backpapier belegen. Den Teig auf einer leicht bemehlten Arbeitsfläche 2–3 mm dick ausrollen und mit einem runden Ausstechförmchen mit Wellenrand ca. 130 Kreise ausstechen. Auf die Bleche legen, im Ofen 10 Min. goldbraun backen und anschließend etwas auskühlen lassen.

4 | Die Hitze im Backofen auf 100 °C reduzieren. Die Konfitüre in einer Schüssel glatt rühren und jeweils zwei Plätzchen mit etwas Konfitüre zusammensetzen. Fest werden lassen und im Ofen 1–2 Min. erwärmen. Noch warm mit der Oberseite in den übrigen Zucker tauchen. Die Plätzchen abkühlen lassen und mit übrigem Puderzucker bestreuen.

>TIPP Ein Set Ausstechförmchen für Linzer Plätzchen stellen wir auf Seite 71 vor. Eine solche Kombination unterschiedlich großer Ringe mit Wellenrand sind ein wertvolles Zubehör in der Küche. Ihr könnt sie für Kekse aller Art verwenden aber auch, um Scones, Ravioli oder Marzipandekor auszustechen. Die schlichte dabei aber elegante Form wirkt einfach immer schick. Auch, um Plätzchen mit Keksstempeln zu verzieren, sind runde Formen ideal.

Kaffee-Spekulatius
mit Mandeln
Rezept auf Seite 148
Spekulatius
mit Schokolade
Rezept auf Seite 148

Vanille-Himbeer-Herzen

Rezept auf Seite 149

Schwarz-Weiß-Gebäck

Rezept auf Seite 149

Spekulatius mit Schokolade

00 50 std : min

PRO STÜCK: 101 KCAL | 1 G E | 5 G F | 12 G KH

ZZGL. 1 STD. RUHEZEIT

ZUTATEN FÜR 45 STÜCK

* 200 g Zucker
* 170 g weiche Butter
* 2 Eigelb
* 50 g Sahne
* 1 Prise Salz
* 1 TL Zitronenabrieb
* 1 TL Spekulatiusgewürz
* 375 g Weizenmehl Type 405 zzgl. etwas mehr zum Bearbeiten
* 1 Prise Hirschhornsalz
* 50 g Schokoladenraspel
* 1 EL Stärke
* 40 g Milch
* 200 g Zartbitterkuvertüre, in Stücken

AUSSERDEM

* runder Keksausstecher (Ø ca. 6 cm), oder nach Belieben verschiedene Keksausstecher
* Keksstempel (Ø ca. 6 cm)

1 Den Zucker in den Mixtopf geben und **15 Sek. | Stufe 10** pulverisieren. Butter zufügen und **20 Sek. | Stufe 4** verrühren. Eigelbe zugeben und **15 Sek. | Stufe 4** unterrühren. Sahne, Salz, Zitronenabrieb, Spekulatiusgewürz, Mehl, Hirschhornsalz sowie Schokoladenraspel zufügen, **15 Sek. | Stufe 4,5** verkneten, dabei ggf. zwischendurch mit dem Spatel nach unten schieben. Den Teig zu einem Riegel formen, in Frischhaltefolie wickeln und mind. 1 Std. kalt stellen. Den Mixtopf spülen.

2 Den Backofen auf 170 °C Ober-/Unterhitze vorheizen. 2 Backbleche mit Backpapier belegen. Den Teig auf einer leicht bemehlten Arbeitsfläche ca. 4 mm dick ausrollen. Leicht mit Stärke bestreuen, ausstechen und nach Belieben mit einem Keksstempel Muster eindrücken.

3 Auf die Backbleche legen, dünn mit Milch bestreichen und im Ofen auf mittlerer Schiene nacheinander je ca. 10 Min. backen. Anschließend auskühlen lassen.

4 Die Kuvertüre **8 Sek. | Stufe 8** grob hacken, dann **5 Min. | 50 °C | Stufe 2** schmelzen und leicht abkühlen lassen. Die Plätzchenunterseiten in die Kuvertüre tauchen und auf Backpapier fest werden lassen.

>**HIRSCHHORNSALZ** Das Backtriebmittel kommt – anders als Backpulver – zum Einsatz, wenn flache Gebäcke aufgelockert werden sollen, ohne aufzugehen. Spekulatius sollen ja beim Backen flach bleiben, aber auch nicht steinhart werden. Hirschhornsalz bitte immer gut verschlossen und für Kinder unzugänglich lagern, da das trockene Pulver nicht verzehrt oder eingeatmet werden sollte. Eine gute Alternative ist ansonsten Natron.

Kaffee-Spekulatius mit Mandeln

00 50 std : min

PRO STÜCK: 79 KCAL | 1 G E | 4 G F | 10 G KH

ZZGL. 1 STD. RUHEZEIT

ZUTATEN FÜR 45 STÜCK

* 2 EL Kaffeebohnen
* 200 g Zucker
* 170 g weiche Butter, in Stücken
* 2 Eigelb
* 50 g Sahne
* 1 Prise Salz
* 1 Prise Hirschhornsalz
* 1 TL Abrieb 1 unbehandelten Zitrone
* 1 TL Spekulatiusgewürz
* 375 g Weizenmehl Type 405 zzgl. etwas mehr zum Bearbeiten
* 2 EL Mandelblättchen
* 1 EL Stärke
* 40 g Milch

AUSSERDEM

* verschiedene Keksausstecher (z. B. Tanne, Sternschweif etc.)

1 Die Kaffeebohnen in den Mixtopf geben, **4 Sek. | Stufe 6** grob hacken und umfüllen. Den Zucker in den Mixtopf geben und **15 Sek. | Stufe 10** pulverisieren. Butter zufügen und **20 Sek. | Stufe 4** verrühren. Eigelbe zugeben und **15 Sek. | Stufe 4** unterrühren.

2 Kaffeebohnen, Sahne, Salz, Hirschhornsalz, Zitronenabrieb, Spekulatiusgewürz, Mehl sowie Mandelblättchen zufügen und alles **15 Sek. | Stufe 4,5** verkneten. Ggf. den Vorgang wiederholen. Den Teig zu einem Riegel formen, in Frischhaltefolie wickeln und mind. 1 Std. kalt stellen. Den Mixtopf spülen.

3 Den Backofen auf 170 °C Ober-/Unterhitze vorheizen. 2 Backbleche mit Backpapier belegen. Den Teig auf einer leicht bemehlten Arbeitsfläche ca. 4 mm dick ausrollen. Leicht mit Stärke bestreuen, nach Belieben ausstechen und Kekse auf die Backbleche legen. Dünn mit Milch bestreichen und im Ofen auf mittlerer Schiene nacheinander je ca. 10 Min. backen. Anschließend auskühlen lassen.

>**SPEKULATIUSGEWÜRZ** Auch diese Gewürzmischung lässt sich im Thermomix® zubereiten! Gebt dafür 1 EL Zimtpulver, 1 ½ TL Anissamen, ¾ TL frisch gemahlenen schwarzen Pfeffer, ¾ TL Ingwerpulver, 1 TL Koriandersamen und 1 TL Kardamomsamen mit ¼ TL frisch geriebener Muskatnuss und 8 Gewürznelken in den Mixtopf. Setzt den Garkorb ein (um zu vermeiden, dass die feinen Zutaten im Topf zu weit nach oben fliegen) und pulverisiert alles **20 Sek. | Stufe 10**. Anschließend füllt ihr die Mischung in ein trockenes Schraubglas. Es hält sich so einige Monate und ist ein wertvolles Geschenk!

Vanille-Himbeer-Herzen

00 45 std : min

PRO STÜCK: 39 KCAL | 1 G E | 2 G F | 4 G KH

ZZGL. 1 STD. RUHEZEIT

ZUTATEN FÜR 40 STÜCK

- 150 g Weizenmehl Type 405 zzgl. etwas mehr zum Bearbeiten
- 100 g weiche Butter, in Stücken
- 50 g Puderzucker
- Salz
- ¼ TL Abrieb von 1 unbehandelten Zitrone
- ¼ TL Vanillemark
- 1 Eigelb
- 2 TL Himbeerpulver
- 1 Msp. rote Lebensmittelfarbe

1 Mehl, Butter, Puderzucker, 1 Prise Salz, Zitronenabrieb, Vanillemark sowie Eigelb in den geben und **20 Sek. | Stufe 4** zu einem geschmeidigen Teig verkneten. Hälfte des Teigs entnehmen, zu einem Riegel formen, in Frischhaltefolie wickeln und 1 Std. kalt stellen.

2 Himbeerpulver mit Lebensmittelfarbe zum Teig in den geben und weitere **10 Sek. | Stufe 5** verkneten. Den Teig auf einer leicht bemehlten Arbeitsfläche zu einer Stange rollen. An der Unterseite spitz formen und an der gegenüberliegenden Seite mit einem Schaschlikspieß einkerben, sodass später beim Abschneiden eine Herzform entsteht. Vorsichtig in Frischhaltefolie einwickeln und ebenfalls 1 Std. kalt stellen.

3 Den Backofen auf 170 °C Ober- und Unterhitze vorheizen. Den hellen Teig auf einer bemehlten Arbeitsfläche ausrollen, die Herzstange leicht mit kaltem Wasser bestreichen und mit dem hellen Teig umhüllen.

4 Die Teigstange in ½ cm dicke Scheiben schneiden und mit etwas Abstand zueinander auf ein mit Backpapier belegtes Blech legen. Im Ofen ca. 10 Min. backen. Mit dem Backpapier vom Blech ziehen und auskühlen lassen.

> TIPP Die kleinen Keksherzen machen übrigens nicht nur im Advent eine gute Figur – auch zum Valentins- oder Muttertag sowie zum Geburtstag des Lieblingsmenschen sorgen selbst gemachte Knusperherzen ganz bestimmt für ein Lächeln.

Schwarz-Weiß-Gebäck

00 45 std : min

PRO STÜCK: 39 KCAL | 1 G E | 2 G F | 4 G KH

ZZGL. 3 STD. RUHEZEIT

ZUTATEN FÜR 40 STÜCK

- 150 g Weizenmehl Type 405 zzgl. etwas mehr zum Bearbeiten
- 100 g weiche Butter, in Stücken
- 50 g Puderzucker
- Salz
- ¼ TL Abrieb von 1 unbehandelten Zitrone
- 1 TL selbst gemachter Vanillezucker
- 1 Eigelb
- 1 EL Kakaopulver

1 Mehl, Butter, Puderzucker, 1 Prise Salz, Zitronenabrieb, Vanillezucker sowie Eigelb in den geben und **20 Sek. | Stufe 4** verkneten. Die Hälfte des Teigs entnehmen. Kakaopulver in den geben und weitere **10 Sek. | Stufe 5** verkneten. Beide Teige zu je einem Riegel formen, in Frischhaltefolie wickeln und mindestens 1 Std. kalt stellen.

2 Beide Teige separat auf einer leicht bemehlten Arbeitsfläche ca. 1 cm dick ausrollen und jeweils in einen 4 × 15 cm breiten Streifen schneiden. Einen dunklen Streifen und einen hellen Streifen jeweils leicht mit kaltem Wasser bestreichen und aufeinanderlegen. Erneut einen dunklen Streifen auflegen und alles vorsichtig andrücken.

3 In der umgekehrten Kombination (weiß, dunkel, weiß) wiederholen. Erneut etwa 1 Std. kühlen. Den übrigen Teig jeweils 2–3 mm dick auf etwa 14 × 15 cm ausrollen. Die beiden Stangen von allen Seiten leicht mit kaltem Wasser bestreichen und im jeweiligen Teig einschlagen und gut andrücken. Erneut 30 Min. kalt stellen.

4 Den Backofen auf 170 °C Ober-/Unterhitze vorheizen. Die Teigstangen in 0,5 cm dicke Scheiben schneiden und mit 2 cm Abstand auf ein mit Backpapier belegtes Blech legen. Im Ofen 10 Min. backen. Mit dem Backpapier vom Blech ziehen und auskühlen lassen.

> TIPP Den Teig könnt ihr auch zum Ausrollen und Ausstechen gut verwenden. Wer Lust auf beide Varianten hat, macht nacheinander jeweils 2 Portionen von hellem und dunklem Teig, die eine Hälfte wird zu Schwarz-Weiß-Gebäck verarbeitet, die andere können zum Beispiel die Kinder ausrollen und nach Belieben ausstechen und verzieren.

Kokos-Makronen

01 15 std : min

LOW CARB LOW FAT

PRO STÜCK: 136 KCAL | 2 G E | 9 G F | 11 G KH

ZZGL. 2 STD. RUHEZEIT

ZUTATEN FÜR 40 STÜCK

- 100 g Zucker
- 150 g Weizenmehl Type 405 zzgl. etwas zum Bearbeiten
- 100 g Butter, in Stücken
- Salz
- ¼ TL Abrieb von 1 unbehandelten Zitrone
- 1 Prise selbst gemachter Vanillezucker
- 1 Eigelb
- ½ TL Honig
- 100 g Kokosraspel
- 2 Eiweiß
- 80 g Zucker
- 20 g gemahlene Mandeln
- Mark von ½ Vanilleschote
- 40 Backoblaten (ca. 4 cm Ø)
- 100 g weiche Butter, in Stücken
- 2 EL Kakaopulver
- 1 Prise selbst gemachter Vanillezucker
- 250 g Zartbitterkuvertüre, in Stücken
- 2 EL Kokoschips

AUSSERDEM

- runder Keksausstecher (ca. 4 cm Ø)

1 Für den Mürbeteig den Zucker in den Mixtopf geben, **10 Sek. | Stufe 10** pulverisieren und umfüllen. 50 g Puderzucker, Mehl, Butter, 1 Prise Salz, Zitronenabrieb, Vanillezucker sowie Eigelb in den Mixtopf geben und **20 Sek. | Stufe 5** verkneten. Den Teig zu einem Riegel formen, in Frischhaltefolie wickeln und für mind. 2 Std. kalt stellen. Den Mixtopf gründlich spülen.

2 Backofen auf 170 °C Ober-/Unterhitze vorheizen. Backblech mit Backpapier auslegen. Teig auf einer bemehlten Arbeitsfläche etwa 3 mm dick ausrollen und 40 Kreise ausstechen. Mit etwas Abstand auf das Blech legen und im Ofen 8 Min. backen. Anschließend auskühlen lassen.

3 Den Backofen auf 130 °C Ober-/Unterhitze einstellen. Für die Kokosmasse den Honig in einem Topf erhitzen und die Kokosraspel darin goldbraun anrösten. Vom Herd nehmen und auskühlen lassen. Den Rühraufsatz einsetzen. Eiweiße in den Mixtopf geben und ohne Zeiteinstellung **Stufe 3,5** unter Sichtkontakt steif schlagen, dabei Zucker und 1 Prise Salz einrieseln lassen. Kokosraspel, Mandeln und Vanillemark **15 Sek. | Stufe 2** unterheben.

4 Kokosmasse mithilfe eines Spitzbeutels oder Teelöffels in walnussgroßen Häufchen auf die Oblaten setzen und auf dem Blech verteilen. Im vorgeheizten Ofen ca. 17 Min. backen. Anschließend auskühlen lassen.

5 Für die Schokocreme Butter, restlichen Puderzucker, Kakaopulver sowie Vanillezucker in den Mixtopf geben und **1 Min. | Stufe 3** schaumig rühren. Portionsweise in einen Spritzbeutel mit mittlerer Lochtülle füllen und auf die abgekühlten Mürbeteigplätzchen spritzen.

6 Die Kokos-Makronen aufsetzen und leicht andrücken. Die Kuvertüre **8 Sek. | Stufe 8** hacken, mit dem Spatel nach unten schieben und **6 Min. | 50 °C | Stufe 2** schmelzen. Kuvertüre in einen flachen Behälter umfüllen und die Plätzchen mit dem Boden eintauchen. Auf Backpapier fest werden lassen und nach Belieben mit Kokoschips garnieren.

Mohn-Makronen

01 15 std : min

LOW CARB LOW FAT

PRO STÜCK: 133 KCAL | 2 G E | 9 G F | 11 G KH

ZZGL. 2 STD. RUHEZEIT

ZUTATEN FÜR 40 STÜCK

- 100 g Zucker
- 150 g Weizenmehl Type 405 zzgl. etwas mehr zum Bearbeiten
- 100 g Butter, in Stücken
- Salz
- Abrieb von ½ unbehandelten Zitrone
- 1 Prise selbst gemachter Vanillezucker
- 1 Eigelb
- ½ TL Honig
- 100 g Kokosraspel
- 2 Eiweiß
- 80 g Zucker
- 20 g Mohn
- Mark von ½ Vanilleschote
- 40 Backoblaten (ca. 4 cm Ø)
- 100 g weiche Butter, in Stücken
- 2 EL Instant-Kaffeepulver
- 1 Prise selbst gemachter Vanillezucker
- 250 g Zartbitterkuvertüre, in Stücken
- 2 EL Kaffeebohnen

AUSSERDEM

- runder Keksausstecher (ca. 4 cm Ø)

1 Für den Mürbeteig Zucker in den Mixtopf geben, **10 Sek. | Stufe 10** pulverisieren und umfüllen. 50 g Puderzucker, Mehl, Butter, 1 Prise Salz, Zitronenabrieb, Vanillezucker sowie Eigelb in den Mixtopf geben und **20 Sek. | Stufe 5** verkneten. Den Teig zu einem Riegel formen, in Frischhaltefolie wickeln und mind. 2 Std. kalt stellen. Den Mixtopf gründlich spülen.

2 Backofen auf 170 °C Ober-/Unterhitze vorheizen. Backblech mit Backpapier auslegen. Den Teig auf einer bemehlten Arbeitsfläche etwa 3 mm dick ausrollen und 40 Kreise ausstechen. Mit etwas Abstand auf das Blech legen, im Ofen 8 Min. backen. Anschließend auskühlen lassen.

3 Backofen auf 130 °C Ober-/Unterhitze einstellen. Für die Mohnmasse den Honig in einem Topf erhitzen und die Kokosraspel darin goldbraun anrösten. Vom Herd nehmen und auskühlen lassen. Den Rühraufsatz einsetzen. Eiweiße in den Mixtopf geben und ohne Zeiteinstellung **Stufe 3,5** unter Sichtkontakt steif schlagen, dabei Zucker und 1 Prise Salz einrieseln lassen. Kokosraspel, Mohn und Vanillemark **15 Sek. | Stufe 2** unterheben.

4 Die Masse mithilfe eines Spitzbeutels oder Teelöffels in walnussgroßen Häufchen auf die Oblaten setzen und auf einem Backblech verteilen. Im vorgeheizten Ofen 17 Min. backen. Anschließend auskühlen lassen.

5 Für die Schokocreme Butter, restlichen Puderzucker, Kaffeepulver und Vanillezucker im Mixtopf **1 Min. | Stufe 3** schaumig rühren. Portionsweise in einen Spritzbeutel mit mittlerer Lochtülle füllen und auf die abgekühlten Mürbeteigplätzchen spritzen.

6 Mohn-Makronen aufsetzen und leicht andrücken. Kuvertüre **8 Sek. | Stufe 8** hacken, mit dem Spatel nach unten schieben und **6 Min. | 50 °C | Stufe 2** schmelzen. In einen flachen Behälter umfüllen und die Plätzchen mit dem Boden eintauchen. Auf Backpapier fest werden lassen und nach Belieben mit Kaffeebohnen garnieren.

Foto: StockFood/für ZS Verlag/ Julia Hoersch

Heidesand mit Nougat
EASY
FRO
HE
Heidesand mit Himbeere
WEIHN
ACHTEN

Heidesand mit Himbeere

00 35 std : min

PRO STÜCK: 65 KCAL | 1 G E | 3 G F | 8 G KH

ZZGL. 2 STD. RUHEZEIT

ZUTATEN FÜR 45 STÜCK

- 80 g Zucker
- 200 g Butter, in Stücken
- 300 g Weizenmehl Type 405 zzgl. etwas mehr zum Bearbeiten
- Salz
- 1 TL selbst gemachter Vanillezucker
- ½ TL Zitronenabrieb
- 1 Eiweiß
- 100 g rosa Dekorzucker
- etwas Himbeerkonfitüre

1 | Den Zucker in den Mixtopf geben, **10 Sek.** | **Stufe 10** pulverisieren und mit dem Spatel nach unten schieben. Butter, Mehl, 1 Prise Salz, Vanillezucker sowie Zitronenabrieb zufügen und **20 Sek.** | **Stufe 6** kneten, dabei ggf. mit dem Spatel nachhelfen. Zu einem flachen Riegel formen, in Frischhaltefolie wickeln und ca. 1 Std. kalt stellen.

2 | Den Teig auf der leicht bemehlten Arbeitsfläche mit den Händen weich kneten und in zwei Hälften teilen. Jeweils zu einem Strang (5–6 cm Ø) formen. Erneut in Frischhaltefolie gewickelt 1 Std. kühlen.

3 | Den Backofen auf 180 °C Ober-/Unterhitze vorheizen. 2 Backbleche mit Backpapier auslegen. Eiweiß verquirlen und die Teigrollen damit dünn bestreichen, anschließend in rosa Zucker wälzen. Die Rollen jeweils in ca. 6 mm dicke Scheiben schneiden und auf die Backbleche legen. Mit dem Kochlöffelstiel jeweils in die Mitte eine Vertiefung drücken und die Plätzchen im Ofen auf der mittleren Schiene jeweils 10 Min. backen. Kurz abkühlen lassen, die Plätzchen mit Himbeerkonfitüre füllen und auf Kuchengittern auskühlen lassen.

>TIPP Knetteige mit wenig Feuchtig- oder Flüssigkeit werden später schön knusprig. Während des Knetvorgangs kann es sein, dass die Zutaten sich dadurch eher langsam zu einer homogenen Masse verbinden und beim Rühren am Rand des Mixtopfs hochgeschoben werden. Daher nehmen wir hier gern den Spatel zu Hilfe und halten ihn bis zum Kragen in den Topf. Das Hin-und-Herbewegen des Spatelkopfs führt die Masse immer wieder zurück zum Messer, das die Komponenten besser verkneten kann.

Heidesand mit Nougat

01 00 std : min

PRO STÜCK: 70 KCAL | 1 G E | 4 G F | 9 G KH

ZZGL. 2 STD. RUHEZEIT

ZUTATEN FÜR 45 STÜCK

- 80 g Zucker
- 200 g Butter, in Stücken
- 300 g Weizenmehl Type 405 zzgl. etwas mehr zum Bearbeiten
- Salz
- 1 TL selbst gemachter Vanillezucker
- ½ TL Zitronenabrieb
- 1 Eiweiß
- 100 g brauner Zucker
- 50 g Nussnougat

1 | Den Zucker in den Mixtopf geben, **10 Sek.** | **Stufe 10** pulverisieren und mit dem Spatel nach unten schieben. Butter, Mehl, 1 Prise Salz, Vanillezucker sowie Zitronenabrieb zufügen und **20 Sek.** | **Stufe 6** kneten, dabei ggf. mit dem Spatel nachhelfen. Zu einem flachen Riegel formen und in Frischhaltefolie gewickelt ca. 1 Std. kalt stellen.

2 | Den Teig auf der leicht bemehlten Arbeitsfläche mit den Händen weich kneten und in zwei Hälften teilen. Jeweils zu einem Strang (Ø 5–6 cm) formen. Erneut in Frischhaltefolie gewickelt 1 Std. kühlen.

3 | Den Backofen auf 180 °C Ober-/Unterhitze vorheizen. 2 Backbleche mit Backpapier auslegen. Eiweiß verquirlen und die Teigrollen damit dünn bestreichen, anschließend in braunem Zucker wälzen. Die Rollen jeweils in ca. 6 mm dicke Scheiben schneiden und auf die Backbleche legen. Mit dem Kochlöffelstiel jeweils in die Mitte eine Vertiefung drücken und die Plätzchen im Ofen auf der mittleren Schiene jeweils 10 Min. backen.

4 | Herausnehmen und auf Kuchengittern auskühlen lassen. Den Nougat über einem heißen Wasserbad schmelzen und wieder etwas erkalten lassen. Die Kekse mit dem noch flüssigen Nougat füllen und auf Kuchengittern auskühlen lassen.

>TIPP Kekse von der Rolle sind besonders einfach zubereitet. Der Teig ist im Thermomix® in unter einer Minute geknetet. Jetzt ist nur das Kühlen wichtig, damit der Teig später seine Form behält, wenn ihr ihn in Scheiben schneidet. Verwendet dafür am besten ein sehr scharfes Küchenmesser mit glatter Klinge und sägt damit eher durch die Rolle, anstatt zu drücken. So bleiben die Scheiben schön rund.

Foto: StockFood/für ZS Verlag/ Julia Hoersch

Terrassenplätzchen

00 50 std : min

LOW CARB · LOW FAT

PRO STÜCK: 49 KCAL | 1 G E | 3 G F | 6 G KH

ZZGL. 1 STD. RUHEZEIT

ZUTATEN FÜR 50 STÜCK

- 140 g Butter, in Stücken
- 60 g Puderzucker zzgl. etwas mehr zum Bestreuen
- 200 g Weizenmehl Type 405 zzgl. etwas mehr zum Bearbeiten
- ¼ TL Zitronenabrieb
- 1 TL selbst gemachter Vanillezucker
- Salz
- 1 Eigelb
- 100 g Himbeerkonfitüre, ohne Kerne

AUSSERDEM
- runde Keksausstecher mit Wellenrand, drei verschiedene Größen

1 | Butter, Puderzucker, Mehl, Zitronenabrieb, Vanillezucker, 1 Prise Salz sowie Eigelb in den Mixtopf geben und **20 Sek. | Stufe 5** verkneten. Den Teig zu einem Riegel formen, in Frischhaltefolie wickeln und mind. 1 Std. kalt stellen.

2 | Den Backofen auf 180 °C Ober-/Unterhitze vorheizen. 2 Backbleche mit Backpapier belegen. Den Teig auf der bemehlten Arbeitsfläche ca. 3 mm dick ausrollen und mit Keksausstechern in verschiedenen Größen ausstechen. Auf die Bleche legen und im Ofen ca. 8 Min. goldbraun backen.

3 | Die Himbeerkonfitüre glatt rühren. Je ein kleines, mittleres und großes Plätzchen mit Konfitüre als Zwischenschicht zusammensetzen und mit Puderzucker bestäuben.

>**TIPP** Unser Mürbeteig wird hier mit Puderzucker statt mit Kristallzucker zubereitet. So werden die Plätzchen besonders zart und mürbe. Kristallzucker sorgt eher für ein crunchy Ergebnis. Beachtet beim Backen, dass die Plätzchen schön hell bleiben. Lasst sie nach dem Backen einfach noch 2 Minuten auf dem heißen Backblech liegen, dann ziehen sie von unten noch Hitze und garen weiter, werden aber nicht dunkler. Dann auf ein Rost übertragen und auskühlen lassen.

Nougat-Terrassenplätzchen

00 50 std : min

LOW CARB · LOW FAT

PRO STÜCK: 54 KCAL | 1 G E | 3 G F | 7 G KH

ZZGL. 1 STD. RUHEZEIT

ZUTATEN FÜR 50 STÜCK

- 20 g Ingwer, kandiert
- 140 g Butter, in Stücken
- 60 g Puderzucker zzgl. etwas mehr zum Bestreuen
- 200 g Weizenmehl Type 405 zzgl. etwas mehr zum Bearbeiten
- ¼ TL Zitronenabrieb
- 1 TL selbst gemachter Vanillezucker
- Salz
- 1 Eigelb
- 2 EL Zucker
- 100 g Kirschkonfitüre, passiert
- 30 g Nussnougatcreme

AUSSERDEM
- runder Keksausstecher mit Wellenrand (Ø ca. 5 cm)
- sternförmiger Ausstecher (Ø ca. 1 cm)
- mondförmiger Ausstecher (ca. 4 cm)

1 | Den Ingwer in den Mixtopf geben und **2 Sek. | Turbo** fein hacken. Mit dem Spatel nach unten schieben. Butter, Puderzucker, Mehl, Zitronenabrieb, Vanillezucker, 1 Prise Salz sowie Eigelb in den Mixtopf geben und **20 Sek. | Stufe 5** verkneten. Den Teig zu einem Riegel formen, in Frischhaltefolie wickeln und für mind. 1 Std. kalt stellen.

2 | Den Backofen auf 180 °C Ober-/Unterhitze vorheizen. 2 Backbleche mit Backpapier belegen. Den Teig auf einer bemehlten Arbeitsfläche ca. 3 mm dick ausrollen und kleine Sterne, Sonnen und Monde ausstechen. Auf das Blech legen und ca. 8 Min. goldbraun backen. Die Sterne ggf. früher herausnehmen.

3 | Die Sterne gleich nach dem Backen in den Zucker tauchen. Die Monde noch warm leicht mit Puderzucker bestäuben. Je eine Sonne mit Konfitüre bestreichen, darauf einen Mond platzieren. Auf den Mond 1–2 kleine Tupfen Nugat setzen und darauf jeweils einen Stern andrücken.

>**TIPP** Klitzekleine Mini-Sternenkekse haben wir hier mit etwas Nougat als oberste Terrasse platziert. So bekommt ein einzelnes Plätzchen den Look eines ganzen Abendhimmels. Wer keine solch kleinen Ausstechförmchen hat, kann auch mit dem Messer Rauten schneiden.

Foto: StockFood / für ZS Verlag / Julia Hoersch

EASY

Baiser-Ringe dreimal anders

Rezepte auf Seite 158

EASY

Nougat-Spritzgebäck

Rezept auf Seite 159

EASY

Spritzgebäck mit Schokoglasur

Rezept auf Seite 159

FIX

Dreierlei Marzipankartoffeln

Rezept auf Seite 159

Baiser-Ringe dreimal anders

03 20 std : min

PRO STÜCK: 26 KCAL | 0 G E | 0 G F | 6 G KH

ZUTATEN FÜR 60 STÜCK

* 5 Eiweiß
* 290 g Zucker zzgl. etwas mehr zum Bestreuen
* 75 g Puderzucker
* 1 Prise Salz
* 1 Msp. Vanillemark
* etwas orangefarbene und rote Lebensmittelfarbe
* 1 TL Abrieb von 1 unbehandelten Orange
* 1 TL zerbröselte gefriergetrocknete Himbeeren zzgl. etwas mehr zum Bestreuen
* bunte Zuckerperlen
* orangefarbener Dekorzucker

AUSSERDEM

* Spritzbeutel mit Lochtülle

1 | De Backofen auf 80 °C Umluft vorheizen. 2 Backbleche mit Backpapier belegen. Den Rühraufsatz einsetzen. Die Eiweiße ohne Zeiteinstellung **Stufe 3,5** unter Sichtkontakt steif schlagen, dabei Zucker, Puderzucker, Salz sowie Vanillemark durch die Deckelöffnung einrieseln lassen.

2 | Baiser umfüllen und in 3 gleiche Portionen teilen. Ein Drittel mit orangefarbener Lebensmittelfarbe einfärben und den Orangenabrieb mit dem unterheben. Ein weiteres Drittel mit roter Lebensmittelfarbe einfärben und die Himbeeren unterrühren. Die ungefärbte, die orangefarbene sowie die rote Masse in je einen Spritzbeutel mit Loch- bzw. Sterntülle füllen und in Kringeln auf die Bleche spritzen.

3 | Die ungefärbten Schaumringe mit bunten Zuckerstreuseln bestreuen, die orangefarbenen mit Dekorzucker und die roten mit Himbeeren. Die Schaumringe im Ofen auf der mittleren Schiene ca. 3 Std. trocknen lassen. Dabei einen Holzkochlöffel in die Ofentür klemmen.

>TIPP Eine tolle Baisermasse gelingt euch im Thermomix® sehr einfach, da das Mixmesser mit so viel Kraft Luft in die Masse schlägt, dass diese sehr schnell fest wird. Beim Einrieseln des Zuckers empfiehlt es sich, die Mischung langsam auf den Deckelrand des zu geben.

Durch die Bewegung des Thermomix® und dadurch, dass der Deckel zur Öffnung hin abfällt, rieselt die Zuckermischung so nach und nach direkt aufs Mixmesser, wird sofort erfasst und gleichmäßig untergerührt.

Baiser auf Mürbeteig mit Maracujakonfitüre

00 45 std : min

PRO STÜCK: 187 KCAL | 2 G E | 8 G F | 26 G KH

ZZGL. 1 STD. RUHEZEIT

ZUTATEN FÜR 20 STÜCK

* 200 g Weizenmehl Type 405
* 140 g weiche Butter, in Stücken
* 40 g Puderzucker zzgl. etwas mehr zum Bestreuen
* 1 Msp. Zitronenabrieb
* 1 Prise Salz
* 1 Msp. Vanillemark
* 2 Eigelb
* 2 Eiweiß
* 200 g Zucker
* 150 g Maracujakonfitüre
* 50 g Nussnougat, in Stücken
* 40 g Zartbitterkuvertüre

AUSSERDEM

* runder Keksausstecher (Ø 3–4 cm)
* Spritzbeutel mit Lochtülle

1 | Für den Mürbeteig Mehl, Butter, Puderzucker, Zitronenabrieb, Salz, Vanillemark sowie Eigelbe in den geben und **20 Sek. | Stufe 5** zu einem glatten Teig verkneten. Zu einem Riegel formen, in Frischhaltefolie wickeln und für 1 Std. kühl stellen. Den spülen.

2 | Für das Baiser den Rühraufsatz einsetzen. Die Eiweiße in den geben und ohne Zeiteinstellung **Stufe 3,5** unter Sichtkontakt schlagen, währenddessen den Zucker einrieseln lassen. Anschließend in einen Spritzbeutel mit mittlerer Lochtülle füllen.

3 | Den Backofen auf 160 °C Ober-/Unterhitze vorheizen. Den Mürbeteig auf einer bemehlten Arbeitsfläche ca. 2,5 mm dick ausrollen, 40 Kreise ausstechen und auf ein mit Backpapier belegtes Blech legen. Auf die Hälfte der Kreise Baisertupfen oder einen Rand spritzen. Im Backofen ca. 13 Min. backen. Auskühlen lassen.

4 | Die Mürbeteigböden mit Konfitüre bestreichen und jeweils 1 Mürbeteig-Baiser-Plätzchen daraufsetzen. Nougat und Kuvertüre im Wasserbad schmelzen. In die Mitte der Plätzchen je einen Tupfen davon setzen und leicht mit Puderzucker bestreuen.

>TIPP Natürlich könnt ihr auch andere Konfitüren verwenden – Himbeere oder Kirsche passen auch sehr gut zum Nussnougat.

Nougat-Spritzgebäck

00 40 std : min

LOW CARB LOW FAT

PRO STÜCK: 36 KCAL | 1 G E | 2 G F | 3 G KH

ZUTATEN FÜR 75 STÜCK

* 100 g Marzipanrohmasse, in Stücken
* 100 g weiche Butter, in Stücken
* 20 g Puderzucker
* 140 g Weizenmehl Type 405
* 1 Ei
* 2 EL Nussnougat, flüssig
* Salz
* 1 TL selbst gemachter Vanillezucker
* 2 EL Rum
* 100 g Zartbitterkuvertüre, in Stücken

AUSSERDEM

* Spritzbeutel mit Sterntülle

1 Den Backofen auf 180 °C Ober-/Unterhitze vorheizen. Ein Blech mit Backpapier auslegen. Marzipan, Butter und Puderzucker in den geben, **2 Min.** | **Stufe 3** cremig rühren. Mehl, Ei, Nussnougat, 1 Prise Salz, Vanillezucker und den Rum hinzufügen, **20 Sek.** | **Stufe 4** verrühren.

2 Den Teig in einen Spritzbeutel mit Sterntülle füllen und Stäbchen auf das Backblech spritzen. Im Ofen auf der mittleren Schiene ca. 10 Min. backen und anschließend auskühlen lassen. Den spülen.

3 Kuvertüre einwiegen und **8 Sek.** | **Stufe 7** zerkleinern, anschließend **5 Min.** | **50 °C** | **Stufe 2** schmelzen. Die Plätzchen fadenförmig mit der Kuvertüre überziehen und auskühlen lassen.

Spritzgebäck mit Schokoglasur

00 40 std : min

LOW CARB LOW FAT

PRO STÜCK: 36 KCAL | 1 G E | 2 G F | 3 G KH

ZUTATEN FÜR 75 STÜCK

* 100 g Marzipanrohmasse, in Stücken
* 100 g weiche Butter, in Stücken
* 20 g Puderzucker
* 140 g Weizenmehl Type 405
* 1 Ei
* 2 EL Mandelmus
* Salz
* 1 TL selbst gemachter Vanillezucker
* 150 g Zartbitterkuvertüre, in Stücken

AUSSERDEM

* Spritzbeutel mit Sterntülle

1 Den Backofen auf 180 °C Ober-/Unterhitze vorheizen. Ein Backblech mit Backpapier auslegen. Marzipan, Butter sowie Puderzucker in den geben und **2 Min.** | **Stufe 3** cremig rühren. Mehl, Ei, Mandelmus, 1 Prise Salz und Vanillezucker hinzufügen, **20 Sek.** | **Stufe 4** verrühren.

2 Den Teig in einen Spritzbeutel mit Sterntülle füllen und halbe Kringel auf das Backblech spritzen. Im Ofen auf der mittleren Schiene ca. 10 Min. backen und anschließend auskühlen lassen. Den spülen.

3 Kuvertüre in den geben und **8 Sek.** | **Stufe 7** zerkleinern, anschließend **5 Min.** | **50 °C** | **Stufe 2** schmelzen. Das Spritzgebäck mit den Enden in die Kuvertüre tunken und trocknen lassen.

Marzipankartoffeln – klassisch, fruchtig und nussig-schokoladig

00 30 std : min

LOW CARB LOW FAT

PRO STÜCK: 50 KCAL | 1 G E | 1 G F | 9 G KH

ZUTATEN FÜR 90 STÜCK

FÜR KLASSISCHE MARZIPANKARTOFFELN

* 200 g Zucker
* 200 g blanchierte Mandeln
* 3 EL Amaretto
* etwas Kakaopulver, fein gesiebt, zum Wälzen

FÜR FRUCHTIGE MARZIPANKARTOFFELN

* 40 g gefriergetrocknete Erdbeeren
* 300 g Zucker
* 200 g blanchierte Mandeln
* 3 EL Erdbeersaft

FÜR NUSSIGE MARZIPANKARTOFFELN

* 40 g Haselnüsse
* 180 g Zucker
* 200 g blanchierte Mandeln
* 1 TL Kakaopulver
* 3 EL „Baileys"
* etwas Puderzucker

1 **Für die klassischen Marzipankartoffeln** den Zucker in den geben, **15 Sek.** | **Stufe 10** pulverisieren und umfüllen. Mandeln in den geben, **20 Sek.** | **Stufe 7** mahlen und mit dem nach unten schieben. Puderzucker und Amaretto zugeben und **3 Min.** | vermengen. Mit den Händen ca. 30 runde Marzipankartoffeln (Ø ca. 2 cm) formen. Im Kakao wälzen und überschüssigen Kakao vorsichtig abklopfen.

2 **Für die fruchtigen Marzipankartoffeln** die Erdbeeren mit Zucker in den geben, **20 Sek.** | **Stufe 10** pulverisieren und umfüllen. Die Mandeln in den geben, **20 Sek.** | **Stufe 7** mahlen und mit dem nach unten schieben. 200 g der Puderzuckermischung sowie Erdbeersaft zugeben und **3 Min.** | vermengen. Mit den Händen ca. 30 runde Marzipankartoffeln (Ø ca. 2 cm) formen und in übriger Puderzuckermischung wälzen.

3 **Für die nussigen Marzipankartoffeln** die Haselnüsse und den Zucker in den geben, **15 Sek.** | **Stufe 10** pulverisieren und umfüllen. Die Mandeln in den geben, **20 Sek.** | **Stufe 7** mahlen und mit dem nach unten schieben. Nuss-Puderzucker-Mischung, Kakaopulver sowie „Baileys" zugeben und **3 Min.** | vermengen. Mit den Händen ca. 30 runde Marzipankartoffeln (Ø ca. 2 cm) formen und in Puderzucker wälzen.

Zimtsterne

01 00 std : min

LOW CARB LOW FAT

PRO STÜCK: 67 KCAL | 2 G E | 4 G F | 6 G KH

ZZGL. 30 MIN. RUHEZEIT

ZUTATEN FÜR 50 STÜCK

- 300 g Zucker
- 400 g Mandeln
- 4 Eiweiß
- 1 Prise Salz
- 2 EL Zitronensaft
- 2 TL gemahlener Zimt
- etwas Puderzucker, zum Ausrollen
- etwas Kakaopulver, zum Bestäuben

AUSSERDEM

- sternförmiger Keksausstecher

1 | Den Zucker in den Topf geben, **15 Sek. | Stufe 10** pulverisieren und umfüllen. Die Mandeln in den Topf geben, **10 Sek. | Stufe 8** zerkleinern und ebenfalls umfüllen. Den Topf gründlich reinigen.

2 | Den Rühraufsatz einsetzen. Eiweiße mit Salz in den Topf geben und ohne Zeiteinstellung auf **Stufe 3,5** unter Sichtkontakt steif schlagen, dabei langsam den Puderzucker sowie den Zitronensaft durch die Deckelöffnung zugeben. Den Rühraufsatz entnehmen, 4 EL der Masse abnehmen und abgedeckt kalt stellen.

3 | Die gemahlene Mandeln sowie Zimt zur übrigen Masse in den Topf geben und **15 Sek. | Stufe 4** unterrühren. Den Teig zu einem Riegel formen und 30 Min. in Frischhaltefolie gewickelt kalt stellen.

4 | Den Ofen auf 120 °C Ober-/Unterhitze vorheizen. 2 Backbleche mit Packpapier belegen. Die Arbeitsfläche mit etwas Puderzucker ausstreuen und den Teig ca. 8 mm dünn ausrollen. Sterne ausstechen und auf die Backbleche legen. Mit der restlichen Eiweißmasse bestreichen.

5 | Im Ofen nacheinander auf der untersten Schiene ca. 25 Min. backen. Auf dem Blech auskühlen lassen und nach Belieben mit ein wenig Kakao bestreuen.

>TIPP Zimtsternteig ist immer etwas klebrig aufgrund der Mischung aus Eiweiß und Zucker. Hier empfiehlt sich daher nach dem Leeren des Topfes ein Vorspüldurchgang, ehe der Teig noch fester klebt. Gebt dafür einen Tropfen Spüli und Wasser bis zur ersten Markierung in den Topf und spült **60 Sek. | 60 °C | Stufe 6** vor. Das erleichtert die Reinigung sehr!

Marzipansterne

01 20 std : min

LOW CARB LOW FAT

PRO STÜCK: 75 KCAL | 1 G E | 4 G F | 9 G KH

ZZGL. 1 STD. RUHEZEIT

ZUTATEN FÜR 40 STÜCK

- 250 g Zucker
- 100 g blanchierte Mandeln
- 100 g Haselnüsse
- 3 Eiweiß
- 100 g Marzipanrohmasse, in Stücken
- 50 g feiner Zucker
- 1 TL gemahlener Zimt
- Salz
- 1 TL Zitronensaft

AUSSERDEM

- sternförmiger Keksausstecher

1 | Den Zucker in den Topf geben, **15 Sek. | Stufe 10** pulverisieren und umfüllen. Mandeln in den Topf geben, **10 Sek. | Stufe 8** mahlen und umfüllen. Haselnüsse in den Topf geben, **7 Sek. | Stufe 8** mahlen und ebenfalls umfüllen. Den Topf gründlich spülen.

2 | 2 Eiweiß in den Topf geben und **20 Sek. | Stufe 3,5** verquirlen. Marzipan, 150 g Puderzucker, Zucker, Zimt sowie 1 Prise Salz zufügen und **20 Sek. | Stufe 4** vermengen. Die Haselnüsse mit den Mandeln dazugeben und **30 Sek. |** Teigstufe zu einem glatten Teig verarbeiten. Den Teig in Frischhaltefolie gewickelt ca. 1 Std. kalt stellen. Den Topf spülen.

3 | Anschließend jeweils eine Hälfte vom Teig zwischen zwei Lagen Frischhaltefolie ca. 8 mm dick ausrollen. Aus dem Teig ca. 40 Sterne ausstechen und auf ein mit Backpapier belegtes Blech geben.

4 | Für die Glasur den Rühraufsatz einsetzen. 1 Eiweiß und 1 Prise Salz in den fettfreien Topf geben. **Stufe 3,5** unter Sichtkontakt steif schlagen, dabei langsam den übrigen Puderzucker und Zitronensaft durch die Deckelöffnung geben. Die Glasur auf die Sterne streichen und mind. 1 Std. trocknen lassen.

5 | Den Ofen auf 120 °C Ober-/Unterhitze vorheizen. Die Marzipansterne etwa 25 Min. backen und auf dem Blech auskühlen lassen.

>TIPP Wenn ihr den Teig für 30 Minuten in die Kühltruhe gebt, lässt er sich anschließend noch besser ausrollen und klebt weniger stark.

Foto: StockFood/für ZS Verlag/ Julia Hoersch

Butterplätzchen mit Mandeln und Orangenzucker

00 50 std : min

PRO STÜCK: 69 KCAL | 1 G E | 4 G F | 8 G KH

ZZGL. 1 STD. RUHEZEIT

ZUTATEN FÜR 55 STÜCK

- 300 g Weizenmehl Type 405 zzgl. etwas mehr zum Bearbeiten
- 2 Eigelb
- 200 g Butter, in Stücken
- 90 g Puderzucker
- 1 Prise Salz
- 1 Msp. Vanillemark
- Abrieb von ½ unbehandelten Zitrone
- Abrieb von ¾ unbehandelten Orange
- 1 EL Sahne
- 20 g gehobelte Mandeln
- 40 g Zucker

AUSSERDEM

- verschiedene Keksausstecher
- Zuckerperlen, zum Garnieren

1 Mehl, 1 Eigelb, Butter, Puderzucker, Salz sowie Vanillemark in den geben und **20 Sek. | Stufe 5** zu einem glatten Teig verkneten. Die Hälfte vom Teig entnehmen und beiseitestellen. Den Zitronenabrieb in den geben, **10 Sek. | Stufe 5** unterkneten, zu einem Riegel formen und 1 Std. kalt stellen. Den übrigen Teig mit der Hälfte vom Orangenabrieb in den geben, ebenfalls **10 Sek. | Stufe 5** verkneten, zu einem Riegel formen und kalt stellen.

2 Den Backofen auf 180 °C Ober-/Unterhitze vorheizen und Backbleche mit Backpapier belegen. Die Teige erneut mit den Händen kurz durchkneten und nacheinander auf einer bemehlten Arbeitsfläche ca. 3–4 mm dick ausrollen. Nach Belieben mit verschiedenen Ausstechformen ca. 55 Plätzchen ausstechen und auf den Backblechen verteilen.

3 1 Eigelb und Sahne verquirlen. Die Zitronenplätzchen damit bepinseln und nach Belieben mit Mandeln und Zuckerperlen bestreuen. Für die Orangenplätzchen den Zucker mit restlichem Orangenabrieb vermengen und auf den Plätzchen verstreuen. Die Plätzchen im heißen Ofen ca. 10 Min. backen und anschließend auskühlen lassen.

Foto: StockFood/für ZS Verlag/ Julia Hoersch